WAGNER em BAYREUTH

Coleção ESTÉTICAS

direção: Roberto Machado

Observações sobre "Édipo"
Observações sobre "Antígona"
precedido de
Hölderlin e Sófocles
Friedrich Hölderlin
Jean Beaufret

Francis Bacon: Lógica da Sensação
Gilles Deleuze

O Nascimento do Trágico
Roberto Machado

Nietzsche e a Polêmica sobre
"O Nascimento da Tragédia"
Roberto Machado (org.)

Introdução à Tragédia de Sófocles
Friedrich Nietzsche

Wagner em Bayreuth
Friedrich Nietzsche

Kallias ou Sobre a Beleza
Friedrich Schiller

Shakespeare, o Gênio Original
Pedro Süssekind

Ensaio sobre o Trágico
Peter Szondi

Friedrich Nietzsche

WAGNER em BAYREUTH

Quarta consideração extemporânea

Introdução, tradução e notas:
Anna Hartmann Cavalcanti
Programa de Pós-graduação em Memória Social / UniRio

ZAHAR
Rio de Janeiro

Jorge Zahar Editor Ltda.
rua México 31 sobreloja
20031-144 Rio de Janeiro, RJ
tel.: (21) 2108-0808 / fax: (21) 2108-0800
e-mail: jze@zahar.com.br
site: www.zahar.com.br

Projeto gráfico: Carolina Falcão
Capa: Miriam Lerner
Imagem da capa: Walküre. Richard Wagner Postkarten-Galerie

CIP-Brasil. Catalogação-na-fonte
Sindicato Nacional dos Editores de Livros, RJ

Nietzsche, Friedrich Wilhelm, 1844-1900
N581w Wagner em Bayreuth: quarta consideração extemporânea / Friedrich Nietzsche; introdução, tradução e notas Anna Hartmann Cavalcanti. — Rio de Janeiro: Jorge Zahar Ed., 2009.
(Estéticas)

Tradução de: Unzeitgemässe Betrachtungen, IV, Richard Wagner in Bayreuth
Anexo: Sinopses das obras de Wagner comentadas por Nietzsche
ISBN 978-85-378-0121-5

1. Wagner, Richard, 1813-1883 – Crítica e interpretação. I. Cavalcanti, Anna Hartmann. II. Título. III. Série.

CDD: 781.68
07-5489 CDU: 78.08

SUMÁRIO

INTRODUÇÃO

Arte como movimento de renovação da cultura

por Anna Hartmann Cavalcanti

Prelúdio

Em novembro de 1868, na casa do orientalista Hermann Brockhaus, acontece o primeiro encontro entre Nietzsche e Wagner, iniciando um período de intensa amizade e diálogo entre o jovem filólogo e o conhecido compositor. Após esse primeiro encontro, relatado em detalhes aos amigos, Nietzsche se dedica à leitura dos escritos e da poesia de Wagner. Em maio do ano seguinte, já nomeado professor de filologia clássica na Universidade da Basiléia, faz a primeira visita à casa de Wagner e Cosima em Tribschen e em junho, em sua segunda visita, nasce Siegfried Wagner, filho do casal. Nietzsche expressa em suas cartas o entusiasmo com a amizade e com a atmosfera musical da vida de Wagner: "Ele corresponde a todas as minhas expectativas." "Como homem tem a mesma grandeza e singularidade do que como artista."[1] E, em setembro de 1869, faz esse

---

[1] Cf. as cartas de Nietzsche a Erwin Rohde, 29 mai 1869, e a sua mãe, Franzisca Nietzsche, meados jun 1869. F. Nietzsche, *Sämtliche Briefe*, org. G. Colli e M. Montinari. Berlim, Walter de Gruyter, 1986, vol. 2. Nas próximas citações utilizarei a abreviatura *KSB*, seguida do número do volume.

surpreendente comentário em uma carta a Rohde: "O que lá aprendo e assisto, escuto e compreendo é indescritível. Schopenhauer e Goethe, Ésquilo e Píndaro ainda vivem."[2] Também da parte de Wagner e Cosima cresce o entusiasmo e a simpatia pelo jovem professor de filologia. Sobre a primeira visita de Nietzsche, escreve Cosima em seu diário: "Uma tranqüila e agradável visita." Em agosto, após o envio por Nietzsche a Tribschen do ensaio "Homero e a filologia clássica", aula inaugural ministrada na Universidade da Basiléia, lida "com grande interesse" pelo casal, Cosima responde: "Wagner concorda por inteiro com suas reflexões acerca das questões estéticas."[3] Enfim, em junho de 1871, época de elaboração da primeira obra de Nietzsche, *O nascimento da tragédia*, e momento especial da amizade com Wagner, Cosima comenta em seu diário: "Ele é o mais significativo de nossos amigos."[4]

Um rápido olhar sobre a produção teórica nietzschiana, no período 1869-1872, é suficiente para perceber a presença de Wagner nos principais temas tratados pelo filósofo nesses primeiros anos de formação de seu pensamento. Em "O drama musical grego", conferência ministrada em janeiro de 1869, Nietzsche utiliza a noção wagneriana de obra de arte total para a compreensão da tragédia antiga, analisando a união de diferentes formas artísticas, tais como a poesia, a dança e a música, em

---

[2] Carta de Nietzsche a Rohde, 3 set 1869, in *KSB*, vol. 3.
[3] Apud D. Borchmeyer e J. Salaquarda, *Nietzsche und Wagner. Stationen einer epochalen Begegnung*. Frankfurt, Insel Verlag, 1994, p.1.226.
[4] Ibid, p.1.291.

uma única obra de arte. Na conclusão da conferência, sugere um surpreendente paralelo entre a tragédia grega e o drama wagneriano, afirmando que o ideal da obra de arte do futuro já foi uma vez realidade, na época trágica dos gregos. No prefácio à primeira edição de *O nascimento da tragédia* (1872)[5], Nietzsche observa que as concepções de seu livro foram elaboradas como se dialogasse com Wagner. Na primeira parte do livro desenvolve uma tese singular e polêmica sobre o nascimento da tragédia antiga, na qual trava um debate com as teorias filológicas de sua época. E na segunda não apenas estabelece uma relação entre o teatro antigo e a ópera moderna, mas interpreta a obra wagneriana como um renascimento da arte trágica na modernidade. Da mesma forma, a partir de suas conversas com Nietzsche e da discussão de seus textos, Wagner pode ampliar e aprofundar sua compreensão da filosofia de Schopenhauer, que desempenha um papel central no último período de sua produção teórica e musical, assim como seu conhecimento da arte e da cultura antigas. Em *Sobre a designação "drama musical"* (1872), Wagner reflete sobre a estética de Schopenhauer a partir das concepções elaboradas por Nietzsche em *O nascimento da tragédia*, especialmente a de que a música engendra a imagem como expressão alegórica de si própria. Sobre a primeira obra de Nietzsche o compositor faz o significativo comentário: "Esse é o livro que eu quis. … Jamais li algo tão belo quanto o seu livro!" O jovem filósofo, por sua vez, descreve *Beethoven* (1870), livro em que Wagner

[5] Na segunda edição de sua primeira obra, em 1886, Nietzsche retira esse prefácio, dedicado a Wagner, e o substitui por um novo, intitulado "Ensaio de autocrítica".

expressa sua conversão ao pensamento de Schopenhauer, não apenas como uma "profunda filosofia da música", mas como "*a* filosofia da música".[6]

O encontro de Nietzsche e Wagner, como observaram Borchmeyer e Salaquarda, figura entre os mais significativos da história da cultura alemã e pode ser comparado, no que diz respeito a seu alcance intelectual e estético, à relação de amizade entre Goethe e Schiller.[7] Tanto Goethe, na cultura literária de seu tempo, quanto Wagner, no mundo musical da segunda metade do século XIX, já tinham uma posição estabelecida quando os dois jovens deram início às suas respectivas obras. O intenso diálogo que se estabeleceu com os mais jovens significou para eles um novo impulso na elaboração de sua arte e, assim como Goethe em relação a Schiller, Wagner encontrou em Nietzsche o mais perspicaz intérprete de sua criação teórica e musical. Schiller e Nietzsche, por sua vez, encontram em seus interlocutores um singular paradigma: se de um lado é inegável o significado de cada um desses poderosos modelos na elaboração de suas obras, de outro, os jovens autores não podem deixar de se confrontar permanentemente com seus paradigmas, procurando superá-los com a mesma energia com que são tocados por eles, constituindo assim sua obra própria.

Isso se aplica de um modo bastante singular à relação de Nietzsche com Wagner. Nietzsche, com 26 anos, apenas come-

---

[6] Carta de Wagner a Nietzsche, apud Borchmeyer e Salaquarda, op.cit., p.1.230, e carta de Nietzsche a Wagner, 10 nov 1870, in *KSB*, vol. 3.
[7] Cf. Borchmeyer e Salaquarda, op.cit., p.1.276-7.

çara sua carreira como professor e filólogo quando se tornou amigo de Wagner, já um conhecido compositor, com quem compartilhava a profunda paixão pela música e o fascínio pelo mundo sonoro e visual da tragédia grega, que logo se converteu no principal tema de suas conversas. Em sua "Carta aberta a Nietzsche"[8], Wagner descreveu com grande clareza seu entusiasmo pela filologia clássica, seus estudos da língua grega e sobretudo a relação que estabeleceu, desde o início, entre a Antigüidade e sua própria arte. Wagner elaborou, a partir de seus estudos dos gregos, um ideal para sua concepção de música, considerando a filologia não como uma "ciência pura", mas como um conhecimento capaz de "fecundar" sua experiência artística. A relação entre filologia e música, ciência e arte foi, desse modo, um dos mais fortes elos entre o jovem filólogo e o conhecido compositor. Mas, como observou o próprio Nietzsche, Wagner era uma "natureza dominadora"[9], considerado por muitos contemporâneos como uma personalidade imponente, que nas reuniões sociais ocupava o centro das atenções, declamando poesias, representando longas cenas de Shakespeare, cujo carisma tendia a excluir ou absorver as pessoas com as quais entrava em contato. Cosima fez, a esse respeito, uma interessante observa-

---

[8] Cf. R. Wagner, "Carta aberta a Nietzsche", apud R. Machado (org.), *Nietzsche e a polêmica sobre "O nascimento da tragédia"*. Rio de Janeiro, Jorge Zahar, 2005, p.80-3. Essa carta foi escrita em apoio a Nietzsche após a publicação da virulenta crítica de Wilamowitz, em 1872, a *O nascimento da tragédia*. Para uma detalhada exposição sobre esse tema, ver Machado, op.cit., p.13-34.

[9] Cf., a esse respeito, os fragmentos póstumos 32 (15), (20) e (32) do início de 1874 in F. Nietzsche, *Sämtliche Werke*, org. G. Colli e M. Montinari. Berlim, Walter de Gruyter, 1988, vol. 7.

ção: "É como se Nietzsche procurasse se defender da imponente impressão produzida pela personalidade de Wagner."[10] De fato, nas cartas a seus amigos, Nietzsche refere-se inúmeras vezes a sua profunda amizade e dedicação a Wagner, mas observa a necessidade de preservar sua liberdade. Após receber uma carta descontente do casal em razão de sua ausência no Natal, escreve a Gersdorff: "Não posso imaginar como alguém poderia ser mais fiel e dedicado a Wagner do que eu, mas em certos aspectos é necessário manter um distanciamento."[11] Nietzsche, que apenas começara sua carreira na Universidade da Basiléia, devia sentir a forte personalidade de Wagner como algo que impedia de certa forma seu desenvolvimento pessoal e filosófico. Percebe-se, assim, que na constituição de sua obra ele era impulsionado não apenas pelo fascínio e pela afinidade com Wagner, mas pela necessidade de guardar um distanciamento que tornasse possível abrigar seu universo próprio, no qual sua filosofia crescia em diferentes sentidos. Após a publicação de sua primeira obra, particularmente no período 1873-1876, delineia-se com clareza cada vez maior o movimento de distanciamento de Nietzsche em relação a Wagner, movimento este que ocorre em um período de mudanças significativas em sua filosofia e que irá culminar na ruptura definitiva em 1878.[12]

---

[10] Diário de Cosima Wagner, apud Borchmeyer e Salaquarda, op.cit, p.1.277.

[11] Carta de Nietzsche a Gersdorff, 2 mar 1873, in *KSB*, vol 4.

[12] Após o rompimento, Nietzsche irá se posicionar ante as tendências nacionalistas que passam a predominar em Bayreuth, criticando o projeto wagneriano de fundar uma nova cultura a partir do "autêntico espírito religioso alemão" e enfatizando a sua principal conseqüência: a transformação da arte em um mero instrumento de reforma e regeneração moral. Cf. M. Zumbini, "Nietzsche in Bayreuth. Nietzsches

O ensaio "Wagner em Bayreuth", escrito em grande parte em 1875, é uma das mais belas homenagens que um artista no auge de sua carreira poderia receber, o que foi imediatamente reconhecido pelo próprio compositor, que assim o comentou: "Amigo! Seu livro é extraordinário! Como pôde aprender a me conhecer de um tal modo?"[13] Nietzsche procura adotar, em sua interpretação, o ponto de vista do próprio Wagner e, nesse movimento, faz coincidir a sua própria perspectiva com a do compositor. A história do surgimento desse ensaio é, assim, a história do que significou para Nietzsche o encontro com Wagner, o que significou para um jovem filósofo, cuja obra estava em formação, o contato e o confronto com a obra teórica e musical wagneriana, e como através desse diálogo surgiu, com clareza cada vez maior, sua própria filosofia.

Wagner e o nascimento de Bayreuth

No final do século XVIII e no século XIX, a ópera era a principal diversão das classes altas européias. Ia-se à ópera, como observou William Weber, não apenas para "ser visto", mas porque aí se realizava "um grande número de negócios pessoais e políticos". Embora as pessoas escutassem atentamente a música, procurassem compreendê-la e aprender as principais árias de cor, o poder das elites era organizado "de forma ritual" e a ópera ser-

---

Herausforderung, die Wagnerianer und die Gegenoffensive", *Nietzsche-Studien* 19, 1990, p.249.

[13] Citado por C.P. Janz, *Nietzsche. Biographie*. Paris, Gallimard, 1984, vol. 2, p.167.

via a necessidades sociais.[14] Libretistas e compositores tinham de aceitar tais convenções se quisessem sobreviver nesse mundo profissional.

Wagner desafiou essas tradições sociais e musicais da ópera ao propor uma reforma completa do teatro que permitisse um controle pleno sobre a produção e execução de suas obras. Sua crítica à ópera da época era dirigida tanto ao papel reservado ao músico quanto ao público que cultuava o luxo e a moda. O que se esperava do músico, segundo Wagner, era proporcionar todas as noites um divertimento que era preguiçosamente assimilado pelo público das grandes cidades, dissimulando seu cansaço e seu tédio. A crítica era dirigida, além disso, à figura do filisteu, preocupado somente com o glamour social e não com o significado artístico das obras: "Nosso público que vai ao teatro não tem *necessidade* de obras de arte; ele quer se *divertir*, quando toma seu lugar diante do palco, e não se *concentrar*."[15] Falar de ópera, nessas condições, não era falar de arte, mas de um "artigo de moda". Wagner procurava enfatizar, com sua crítica, a estreita relação entre o sistema artístico e a situação sociopolítica do mundo moderno.

Em 1848, quando era mestre-de-capela real da corte de Dresden, Wagner desenvolveu um minucioso projeto de reforma do teatro, cujo objetivo era transformar um local de divertimento em local de arte elevada:

---

[14] Cf. W. Weber "A ópera e a reforma social", in B. Millington (org.), *Wagner, um compêndio*. Rio de Janeiro, Jorge Zahar, 1995, p.172.
[15] Ibid, p.173.

> Eu considerava a ópera uma instituição cuja finalidade era oferecer uma distração e um divertimento a um público tão entendiado quanto ávido de prazer; além disso eu a considerava obrigada a visar ao resultado financeiro e não conseguia esconder de mim que era uma verdadeira loucura querer voltar essa instituição para um fim oposto, isto é, aplicá-la para arrancar um povo de seus interesses vulgares e elevá-lo ao culto e à inteligência daquilo que o espírito humano pode conceber de mais profundo e maior.[16]

A rejeição de seus projetos de transformação dos teatros da Saxônia ajudou a fomentar o envolvimento de Wagner com a revolução de 1849 em Dresden, o que resultou em seu exílio na Suíça. Nos anos seguintes, durante seu exílio em Zurique, o projeto de uma reforma da ópera se une à reflexão sobre a arte trágica grega. Wagner lê Aristófanes, diversos diálogos de Platão e a *Odisséia*; o autor que mais o impressionou, contudo, foi Ésquilo. Cosima relata que Wagner lera, em sua estada em Nápoles, trechos da *Oréstia* em voz alta e que nunca o vira tão "transfigurado".[17] A partir de seus estudos de literatura grega, especialmente das tragédias *Oréstia* e *Prometeu* de Ésquilo, o compositor desenvolve a idéia de uma obra de arte do futuro, livre do virtuosismo vazio, no qual a atenção do público era despertada sobretudo pelas exibições de habilidade, que caracterizava as produções operísticas de sua época. Ao contrário da arte moderna, a tragédia grega não era um divertimento, mas um ritual

[16] Wagner, apud M. Schneider, *Wagner*. São Paulo, Martins Fontes, 1991, p.64.
[17] H. Lloyd-Jones, "Wagner e os gregos", in B. Millington (org.), op.cit., p.178.

religioso, e nascia dos mitos que continham a sabedoria profunda do povo. A obra de arte trágica era, além disso, uma "forma de arte total", caracterizada por diferentes expressões artísticas, tais como a poesia, a música e a dança, criadas por um único poeta que escrevia o texto e compunha a música, coreografava as danças e dirigia a apresentação. A partir do ideal grego, Wagner elabora a idéia de um festival nacional capaz de unir o país em uma comunidade de interesse público. Em *A obra de arte do futuro*, apresentou a proposta da ópera como uma livre associação artística do povo, com o fim de incentivar a formação de uma cultura musical nacional e combater a forte influência que a ópera franco-italiana exercia, em meados do século, na Alemanha. O nacionalismo desempenhou um papel crucial no projeto wagneriano de uma reforma da ópera, pois através da idéia do renascimento de uma forte cultura popular ele via o fim do público filisteu e a renovação da sociedade como um todo.

Inspirado no papel da mitologia na arte e na cultura gregas, Wagner começou a compor, em 1848, a partir de um conjunto de mitos nascidos das tradições do povo alemão[18], a primeira versão de *O anel dos nibelungos*, que teve como título *A morte de Siegfried*. Em uma obra como o *Anel*, dirigida contra a cultura burguesa da época, o mito representava a linguagem criadora do povo e se constituía como meio de expressão de uma arte

[18] Trata-se da *Canção dos nibelungos* (*Niebelungenlied*), poema épico estrófico de autor desconhecido, escrito por volta de 1200. O poema relata o amor de Siegfried e seu casamento com Kriemhild, o assassinato de Siegfried por Hagen e a vingança de Kriemhild. Ver, a respeito, J. Deathridge e C. Dahlhaus, *Wagner*. Porto Alegre, L&PM, 1988, p.120.

associada a fins revolucionários. A princípio, Wagner pretendia montar *A morte de Siegfried* sob a direção de Lizst, que ocupava um cargo no teatro de Weimar, com intérpretes especialmente treinados. Mas, em 1850, com a notícia de que a estréia de *Lohengrin* em Weimar ficara aquém das expectativas, concebe, pela primeira vez, a idéia de uma encenação própria de sua obra e da construção de um teatro especialmente voltado para este fim. No ano seguinte, escreve a Theodor Uhlig:

> Somente a revolução pode me oferecer os artistas e o público de que preciso; ... levantarei um teatro no Reno e enviarei convites para um grande festival dramático; após um ano de preparativos, encenarei então minha obra inteira dentro do espaço de *quatro dias* – com isso deixarei claro para os homens da revolução o *significado* dessa revolução, em seu sentido mais nobre.[19]

O ardor revolucionário de Wagner, como observou Spencer, arrefeceu com o passar dos anos, e em 1857 ele volta a pensar em uma apresentação do *Anel* em Weimar, sob a direção de Lizst. Alguns anos depois, após a demissão de Lizst de seu cargo de direção musical, Wagner publicou o poema do *Anel dos nibelungos* e dirigiu, no prefácio, um apelo aos príncipes alemães dispostos a apoiar o empreendimento. Esperava apresentá-lo em uma pequena cidade, em um "teatro provisório, construído apenas

[19] Cf. Wagner, apud S. Spencer, "Bayreuth e a idéia de um teatro de festivais", in B. Millington, op.cit., p.190.

de madeira"[20], com um auditório semelhante a um anfiteatro. O *anel dos nibelungos* era um projeto grandioso, a ser encenado em quatro noites consecutivas, e que, por seu enraizamento nas mais antigas tradições do mito alemão, seria capaz de criar nos intérpretes a consciência da missão renovadora do artista e, no público, "um estado de espírito receptivo e mais reverente", abrindo caminho para a reforma da arte e do espírito germânico. Em 1864, quando o rei Ludwig da Baviera mostrou-se sensível ao apelo de Wagner, esse projeto começou a ganhar forma concreta de um programa de reforma política e regeneração moral. Em seu filme *Ludwig* (1972), no qual aborda a história do jovem rei e sua paixão pela música de Wagner a partir de uma detalhada pesquisa histórica, Visconti expõe com clareza o entusiasmo do rei da Baviera com o ideal artístico wagneriano:

> Mas a poesia de Wagner vale pela música e a música pela poesia. Uma não pode existir sem a outra e dessa poderosa fusão nasce uma nova linguagem que todos podem entender, em qualquer parte do mundo, todos! Uma linguagem que pode também divulgar as idéias... sei que o maior presente para um povo é enriquecer o seu espírito.

Em 1864, Wagner muda-se para Munique, a convite do rei Ludwig, e dá continuidade à criação e encenação de seus dramas musicais, entre eles *Tristão e Isolda*. As deficiências na montagem

[20] Idem.

de *O ouro do Reno*, prelúdio do *Anel*, no teatro da corte de Munique, levam Wagner a retomar seu projeto de construção de um teatro próprio. Em 1870, um amigo lhe recomenda que visite Bayreuth para conhecer o teatro de ópera da cidade, cujo palco era dos maiores da Alemanha. A cidade de Bayreuth fica a meio caminho entre Munique e Berlim, o que vinha ao encontro dos interesses do compositor de garantir tanto o apoio do rei Ludwig, da Baviera, quanto de Bismarck e do movimento nacionalista alemão apoiado pela Prússia. Embora Wagner tenha concluído, após um cuidadoso exame, que o teatro da cidade era inadequado, a assistência oferecida pelo conselho local contribuiu para a escolha de Bayreuth como sede de seu teatro de festivais.

A partir de tal escolha, inicia-se todo um movimento da família e dos amigos do compositor para a realização do grande empreendimento. Wagner estudava detalhadamente os planos do futuro teatro, pensava a organização prática da obra e se empenhava para criar associações para divulgação de seu projeto artístico. Nietzsche ofereceu-se para partir em missão e criar grupos no norte da Alemanha, o que foi recusado por Wagner, em razão das atividades do filósofo na Universidade da Basiléia. Malwida von Meysenburg, escritora e ativista política que Nietzsche conhecera nas festas de maio de 1872 em Bayreuth, tentava despertar na jovem rainha da Itália, Margarida de Sabóia, o interesse pela causa wagneriana e sua conseqüente participação na presidência de um círculo de nobres protetoras.[21] O próprio

[21] Cf. sobre esse tema D. Halévy, *Nietzsche, uma biografia*. Rio de Janeiro, Campus, 1989, p.92.

Wagner fez viagens pela Alemanha e Áustria em busca de cantores e técnicos, assim como apresentou inúmeros concertos a fim de levantar recursos para o projeto de Bayreuth. De importância decisiva foram, ainda, as contribuições vindas da Sociedade Wagner de todo o mundo, inúmeras doações particulares e um vultoso empréstimo do rei Ludwig II, reembolsado pelos herdeiros de Wagner com a verba dos direitos autorais.

A partir do projeto de reforma do teatro, Wagner criou um mundo operístico alternativo, que permitiria, pela primeira vez, a encenação plena de suas obras. Introduziu inúmeras mudanças nas práticas musicais e teatrais: por exemplo, desestimulou o aplauso durante os atos e tomou a decisão de apagar as luzes ao longo do espetáculo, o que impedia os espectadores de ler o libreto durante a ópera, como estavam habituados. Além disso, a montagem de seus dramas exigia soluções técnicas que muitas vezes ultrapassavam as possibilidades cênicas da época. Como apresentar ao público, sem as técnicas modernas de iluminação, a cena do arco-íris, envolto em neblina, do qual surgem os deuses em *O ouro do Reno*? E como poderiam os atores, senão usando potentes recursos vocais, encenar os gigantes? Considerando que à época só se podia contar com o recurso da iluminação a gás e que seria preciso ainda esperar cinqüenta anos até que o decorador Adolphe Appia introduzisse a "luz ativa" de projetores elétricos móveis, pode-se imaginar as enormes dificuldades enfrentadas por Wagner em suas montagens.[22]

[22] Cf. C.P. Janz, *Nietzsche. Biographie*, op.cit., vol. 2, p.171.

A construção do teatro de Bayreuth não apenas deu a Wagner autonomia na execução de suas obras, mas abriu caminho para a realização do projeto de um novo ideal artístico. Como observou Marcel Schneider, Wagner compreendeu que só poderia revelar uma "obra extraordinária em circunstâncias extraordinárias",[23] capaz de fecundar os espíritos e fundar o ideal de uma nova arte.

Nietzsche e o ideal artístico de Bayreuth

O encontro com Wagner foi, como observou Volker Caysa, um acontecimento para o jovem Nietzsche.[24] Seu alcance e significado são explicitados no capítulo que abre o ensaio "Wagner em Bayreuth": "O longo caminho a percorrer para alcançar o objetivo, assim como o próprio objetivo, ninguém o conhecia, somente Wagner. Foi a primeira viagem de circunavegação no domínio da arte: através dela, ao que parece, não somente uma nova arte, mas a própria arte foi descoberta."[25] Wagner cria, com sua obra, algo radicalmente novo, e tal novidade consiste em encontrar uma relação entre duas esferas que se tornaram, na modernidade, estranhas uma à outra: a música e a vida ou, em termos mais amplos, a arte e a vida. Esse é um aspecto fundamental do perfil que Nietzsche traça de Wagner: não se trata de pensar o

---

[23] Cf. M. Schneider, Wagner, op.cit, p.64.
[24] V. Caysa, "Richard Wagner in Bayreuth: oder: Der Künstler-Philosoph als Gesamtkunstwerk" in *Nietzscheforschung*, vol. 2, Berlim, 1995, p.170.
[25] Cf. a presente edição de *Wagner em Bayreuth*, cap. 1, p.41.

artista unicamente do ponto de vista da obra, mas o artista e a obra do ponto de vista da vida. Nesse sentido, se pensarmos na arte wagneriana como uma descoberta que tem o valor do exemplo, tal exemplo seria o de uma vida artística em relação a outras experiências de vida, e não apenas o de um artista em relação a outros artistas. O que Nietzsche procura questionar é a delimitação de fronteiras entre a arte e a vida, mostrando que o produto da experiência artística não é simplesmente a obra, mas a vida como obra de arte, a experiência de criação como uma experiência que afeta e transforma o próprio artista. É nesse sentido que devemos compreender o duplo movimento do ensaio de Nietzsche, que narra a trajetória do artista Wagner, as dúvidas, errâncias e descaminhos pelos quais o artista cria a arte e a si mesmo através da arte.

Nietzsche narra um momento da vida de Wagner em que ocorre uma mudança decisiva, a partir da qual o artista deixa de procurar na ópera contemporânea um modelo para sua criação, assim como deixa de esperar de sua arte um efeito imediato: "Mas agora nada mais há que possa determiná-lo a uma tal precaução, ele quer apenas uma coisa: se entender consigo próprio, pensar sobre a essência do mundo nos acontecimentos. ... Quem é digno o suficiente para saber o que se passava nele naquela época, qual foi o diálogo que travou consigo mesmo na mais sagrada escuridão de sua alma ..., que escute, contemple e viva *Tristão e Isolda*."[26] Assim como as exigências da arte e do públi-

[26] Ibid, cap. 8, p.102.

co modernos já não determinam a sua obra, também as regras dadas de fora ao indivíduo, os princípios e os valores da época moderna perdem pouco a pouco a importância no que diz respeito à sua vida. A força formadora se torna dominante tanto na obra quanto na vida de Wagner, o que significa aprender a se orientar pelo "verdadeiro conceito de forma"[27], aprender a dar forma à própria vida e estabelecer, a partir dela, os fins de sua ação. Nietzsche afirma, a esse respeito, em uma importante passagem de seu ensaio, que a liberdade não é algo que recebemos como uma dádiva,[28] que o homem livre se faz por si mesmo ao se confrontar com perguntas sobre o sentido de sua existência e perceber que ninguém, a não ser ele próprio, pode respondê-las. O sentido não está dado no mundo, mas deve ser construído por cada indivíduo *a posteriori*, ao longo de sua trajetória, estabelecendo a meta e os fins de sua existência. Wagner experimenta um sentimento de liberdade ao reinar como legislador sobre vastos domínios, submetendo uma "pluralidade de desejos a uma única vontade", dando unidade ao "disperso e inassimilável".[29]

Um dos domínios sobre o qual legisla é o da história, com o qual estabelece uma relação diferente da estabelecida pelo erudito. Enquanto este converte a história em puro objeto de conhecimento, neutralizando seu poder de estimular a ação e a reflexão acerca do presente, Wagner a transforma em uma "argila flexível", moldada com "devoção reverente", mas sem

[27] Ibid, cap. 5, p.73.
[28] Ibid, cap. 11, p.137.
[29] Ibid, cap. 9, p.122 e cap. 5, p.68.

deixar de afirmar os direitos do criador,[30] colocando a partir dela questões para o presente e dela extraindo firmeza e determinação para o movimento de renovação da cultura. Assim como a atitude do criador em relação à história, o ato de conduzir a própria vida, de dar a si próprio as suas leis é uma capacidade artística que não pode ser separada da reflexão crítica em relação ao presente. Como ressalta Nietzsche, quem quer "libertar a arte, deve antes libertar a si próprio da alma moderna".[31] Ao se confrontar com os valores modernos e procurar libertar a si próprio, Wagner liberta a própria arte da deformação e instrumentalização dominantes na modernidade e assim abre a possibilidade de uma renovação da cultura a partir do projeto artístico e, ao mesmo tempo, político de Bayreuth.

Nietzsche ressalta, ao colocar a pergunta acerca do significado do projeto artístico wagneriano, que não se trata unicamente de arte, mas de uma luta contra a tradição que implica uma transformação radical de todos os domínios da vida. Esse é um aspecto fundamental do ensaio: o artista ocupa o lugar do revolucionário e a arte não se limita a uma forma de expressão cultural, ela se constitui como a principal forma de resistência, o ponto de partida para uma radical transformação das estruturas da sociedade moderna. O projeto artístico de Bayreuth testemunha a profunda insatisfação com as instituições modernas, a partir da qual nasce a luta "contra o poder, a lei ... e toda a

---

[30] Ibid, cap. 3, p.55.
[31] Ibid, cap. 6, p.80.

ordem estabelecida".[32] Nietzsche viu nessa arte o signo de um novo tempo: "Não temos nenhum direito de viver hoje se não formos militantes, militantes que preparam um século vindouro, do qual podemos adivinhar alguma coisa em nós através de nossos melhores instantes: pois esses instantes afastam-nos do espírito de *nosso* tempo; em tais instantes sentimos algo dos tempos que virão."[33] Os participantes do festival não são, desse modo, meros espectadores da nova arte, mas através dela vivem a experiência de ruptura em relação à época moderna. Bayreuth é descrito como um teatro fundamentalmente distinto do teatro moderno, no qual a música desperta a sensação de distanciamento, de ser estrangeiro em relação ao presente. A singularidade da arte wagneriana é a de despertar a linguagem do *pathos*, a faculdade de experimentar, que corresponde, na interpretação de Nietzsche, à criação de um novo público, os espectadores-artistas, capazes de superar em si próprios a pobreza da experiência artística moderna.

Para compreender a necessidade profunda de uma renovação da experiência artística e, desse modo, a importância e a atualidade de Bayreuth, é preciso ter em vista a instrumentalização da arte na modernidade e seu desenraizamento da vida. Nietzsche mostra, em seu ensaio, como a *grand opéra*, gênero musical de grande sucesso à época, tem como fim a produção calculada de efeitos musicais e visuais, sem que tais efeitos surjam organicamente do processo de criação artística. Na socieda-

---

[32] Ibid, cap. 4, p.65.
[33] Carta de Nietzsche a Gersdorff, 18 nov 1871, *KSB*, vol. 3.

de industrial a arte torna-se uma esfera específica das atividades culturais, voltada em grande parte para o entretenimento, isolada e desvinculada da vida e das experiências do indivíduo. O teatro moderno, caracterizado como uma indústria do entretenimento artístico, expressa tanto a avidez por ganhos monetários por parte dos empresários quanto a busca de diversão e glamour social por parte do público. Nietzsche descreve a arte moderna como "arte narcótico":[34] o que leva o público ao teatro é a fuga do tédio, o desejo de se ver livre de si e de suas próprias misérias por algumas horas, a necessidade de aliviar a sensação de vazio e de fome através do "ópio da arte". Trata-se de um público que chega ao teatro com os sentidos exauridos e esgotados, procurando trazer um pouco de tragédia e comédia, de emoções e paixões fortes a sua existência.

Como Wagner, Nietzsche estabelece uma estreita relação entre o sistema artístico e as condições sociais do mundo moderno, procurando explicitar o papel desempenhado pela arte na sociedade industrial. A arte moderna, como indústria do entretenimento, não apenas é expressão do vazio e da ausência de reflexão, mas tem como tarefa produzir torpor e embotamento, enfraquecendo a consciência do indivíduo em relação ao esgotamento e à pobreza de sua experiência. O artista é descrito como uma espécie de escravo que deve satisfazer as "necessidades aparentes"[35] do público, necessidades estas criadas pelas relações sociais justamente para consolidar a estrutura sociopolítica

[34] Cf. a presente edição de "Wagner em Bayreuth", cap. 4, p.65.
[35] Ibid, cap. 8, p.97.

moderna. Esse é um aspecto a ser destacado na interpretação de Nietzsche: a arte moderna, descrita como uma peça do mecanismo do poder, é tanto expressão das relações sociais quanto elemento de produção dessas relações. O poder é exercido através de um mecanismo que desenraíza e distancia a coletividade de suas criações de cultura, separando o povo de tudo o que este produz a partir de uma necessidade profunda: seus mitos, sua dança, sua expressão poética. Ao tornar o indivíduo distanciado de si próprio, esse mecanismo social faz surgirem novas necessidades e meios de satisfazê-las. A partir dele se forma o moderno trabalhador, dócil e útil, que necessita do remédio produzido por sua época contra o esgotamento e o vazio de sua existência: a arte moderna. A eficácia da cultura moderna repousa no combate às necessidades e impulsos próprios de cada indivíduo, a partir da hegemonia de uma lógica da convenção que impele os homens em direções que eles não escolheram, inverte os nomes dos sentimentos, chamando o que é infelicidade de felicidade, paralisando os impulsos de criação e renovação. Tanto a sociedade quanto a arte moderna são, desse modo, instâncias produtoras de alienação; elas separam o indivíduo de suas mais profundas necessidades, do que foi denominado no ensaio de "sensação autêntica"[36], produzindo necessidades aparentes e meios sempre novos de satisfazê-las.

É no âmbito dessa reflexão crítica acerca da modernidade que devemos compreender a interpretação de Nietzsche da arte

[36] Ibid, cap. 5, p.137.

wagneriana, apresentada não apenas como uma "arte nova", mas como uma "descoberta da própria arte". Wagner descobre na arte uma poderosa força de resistência, capaz de despertar o que Nietzsche chama de "sensação autêntica", uma força enraizada na natureza e nas mais profundas energias vitais: "Se agora ... soasse a música de nossos mestres alemães, o que propriamente seria ouvido? Justamente a autêntica sensação, hostil a toda convenção, a todo distanciamento entre os homens: essa música é um retorno à natureza e, ao mesmo tempo, ... a metamorfose da natureza."[37] O enfraquecimento da vida na modernidade torna necessário, em primeiro lugar, um retorno à natureza através da arte. Esse retorno significa o fim da separação entre os domínios da arte e da vida, o que implica uma ampliação da experiência de criação artística, entendida não mais como uma atividade isolada, mas como um poder de dar forma, de criar a própria vida. Assim como a arte é a capacidade de se apropriar da matéria disforme da sensação e criar a partir dela, a vida é ela própria um movimento espontâneo de criação e fixação de formas, um criar artístico em sentido amplo.[38] Esse retorno à natureza não significa, entretanto, a descoberta do que cada um de nós é verdadeiramente, da essência que propriamente nos constitui e que, alienada pelas formas de poder

---

[37] Idem.

[38] A questão da relação entre arte e vida é uma questão fundamental ao longo de toda a filosofia de Nietzsche. No *Ensaio de autocrítica*, escrito em 1886, o filósofo refere-se a *O nascimento da tragédia* como o livro que ousou, pela primeira vez, se aproximar da tarefa "de ver a ciência com a ótica do artista, mas arte, com a da vida". Nietzsche, F. *O nascimento da tragédia*. Tradução de J. Guinsburg. São Paulo, Companhia das Letras, 2005, p.15.

na modernidade, pode ser reencontrada tal como é, inalterada e igual a si mesma. O retorno está ligado, como vimos, à idéia de luta e de criação, ele supõe a atividade de dar forma a si próprio, o que implica um constante exercício de mudança e de transformação. A criação de si não supõe um modelo fixo de identidade, mas um conhecimento de si que se transforma continuamente. Dessa perspectiva, não há como traçar fronteiras bem delimitadas entre a arte e a vida; as duas esferas implicam a atividade de dar forma artisticamente, criar a si próprio, o que se pode denominar, em sentido amplo, uma "invenção estética de si".[39]

Desse modo, descrever a música como um retorno à natureza significa, também, descrevê-la como uma metamorfose, um desejo de ser diferente como algo que constitui fundamentalmente a condição humana, de criar e experimentar novas dimensões de si e do outro. O tema da mudança e da historicidade, que será de grande importância ao longo de toda a filosofia de Nietzsche, é abordado no ensaio a partir da pergunta acerca do significado da música na modernidade. Não é possível, como observa Nietzsche, atribuir a verdadeira música, a música que nasce da criação wagneriana, a um acaso vazio e sem sentido. A música é um "fragmento de destino" e nasce de uma necessidade profunda da época, a necessidade de mudança, de superar através de uma poderosa força plástica a desfiguração da natureza que caracteriza a existência moderna.[40]

---

39 Sobre esse tema ver V. Caysa, "Richard Wagner in Bayreuth", op.cit., p.173.

40 Cf. a presente edição de "Wagner em Bayreuth", cap. 6, p.82.

É importante comentar, a esse respeito, que para Nietzsche a atualidade do *Anel dos nibelungos* não está no resgate do genuíno espírito alemão e de suas raízes, como foi enfatizado pelo grupos nacionalistas que se associaram desde o início ao projeto artístico wagneriano. A atualidade do *Anel* está em transpor, para a linguagem poética do mito e da música, a relação do homem com sua própria natureza, sua relação com o poder, com a morte e a sua necessidade de transformação. Nietzsche identifica na história de um deus, Wotan – que enredado na maldição do poder compreende a necessidade do declínio de si próprio e de todos os deuses –, e de Siegfried – o homem do futuro, que desaprendeu a angústia que lhe inspiram a morte e o tempo – a necessidade de ruptura e de mudança experimentada pelo indivíduo moderno. Em janeiro de 1845, inspirado em Schopenhauer, Wagner escreve a respeito do *Anel* a August Röckel: "Precisamos aprender a morrer, no sentido mais completo da palavra, pois o medo do fim é a fonte de todo egoísmo e surge sempre que o amor se extingue ... Wotan se lança à altura trágica, ele quer seu declínio. Isso é tudo o que devemos aprender da história da humanidade: querer o necessário e realizá-lo."[41]

A necessidade de mudança, indicada por Wagner, é interpretada por Nietzsche no ensaio como um aspecto fundamental da condição humana, seu caráter mutável e efêmero. Trata-se de compreender o modo como se forma a identidade em uma criatura que não possui uma natureza predeterminada, subs-

[41] Apud H. Mayer, *Wagner*. Hamburg, Rohwohl Taschenbuch, 2000, p.146.

tancial, mas deve conquistá-la e afirmá-la através da criação do sentido de sua existência. O sentido não é algo que o indivíduo recebe de fora, mas que cada um deve formar a partir de si, estabelecendo a meta, os fins, o "para quê" de sua existência. Em uma importante passagem do ensaio, Nietzsche comenta que a pergunta acerca da natureza inalterável ou não das coisas é a questão mais importante de toda filosofia, e sua resposta supõe "combater com uma coragem sem reservas pela melhora da parte reconhecidamente modificável do mundo".[42] Essa é a tarefa da nova geração, cuja virtude é a franqueza, e que não procura na moralidade da tradição os princípios de sua existência, mas afirma sua liberdade ao formar suas próprias leis, partindo da experiência de uma coletividade fundada na criação de si.

Nietzsche compreende o projeto artístico de Bayreuth como um campo estético-político de experimento e nesse sentido não espera de Wagner uma mera reforma do teatro, mas "uma tarefa mais elevada e mais longínqua": a transformação da própria arte, como ponto de partida para uma radical mudança da vida dos homens. A força de tal experimento está no reestabelecimento da relação entre arte e vida, que supõe o fim da criação artística como domínio separado e a abertura de um horizonte novo, de uma coletividade fundada na invenção estética de si.

Em uma carta de 7 de fevereiro de 1870, Wagner propõe a Nietzsche uma curiosa aliança entre música e filologia: relembrando que o estudo da Antigüidade grega teve especial impor-

---

[42] Cf. a presente edição de "Wagner em Bayreuth", cap. 3, p.57.

tância em sua formação musical e que a afinidade de Nietzsche com a música enriqueceu de modo singular sua reflexão filosófica, essa aliança tornaria possível realizar uma profunda renovação da atividade artística. Wagner observa em seguida: "Mostreme os motivos pelos quais a filologia é importante e me ajude a realizar o grande 'renascimento' no qual Platão abraça Homero, e este, enriquecido pelas idéias de Platão, alcança o auge de sua grandeza."[43] Essa imagem de união entre Homero e Platão esclarece o fundamental da reflexão de Nietzsche sobre Wagner. Sua contribuição consiste em pensar não o valor artístico da obra wagneriana a partir de conceitos da estética musical, mas em refletir sobre a significação filosófica do festival de Bayreuth, abordando as conexões da arte com os domínios mais amplos da cultura e da vida. A partir desse ensaio Nietzsche produziu, como observou Colli,[44] no próprio momento do nascimento de Bayreuth, o que de mais relevante e positivo foi escrito sobre Wagner, ao mesmo tempo em que priorizou uma questão que será fundamental ao longo de toda sua obra – a questão da relação entre arte e vida.

---

[43] Apud D. Borchmeyer e J. Salaquarda, *Nietzsche und Wagner*, op.cit., p.1.292.
[44] Cf. G. Colli, "Nachwort", in F. Nietzsche, *Sämtliche Werke*, op.cit., vol. 1, p.908.

WAGNER em BAYREUTH

1.[1]

Para que um acontecimento tenha grandeza, é preciso reunir duas condições: que a grandeza inspire os que o realizam e os que o vivenciam. Em si nenhum acontecimento possui grandeza,[2] mesmo o desaparecimento de constelações inteiras de estrelas, a destruição de povos, a fundação de vastos Estados, guerras

---

[1] Para elaboração desse ensaio, Nietzsche recorreu a diversos escritos autobiográficos e teóricos de Wagner, tendo tido à sua disposição a autobiografia do compositor, que à época não havia ainda sido publicada e que ele ajudara a corrigir ao longo dos anos 1869-70. O ensaio de Nietzsche foi em grande parte construído a partir de uma interpretação desse material biográfico e teórico, contendo inúmeras referências diretas ou não a tais textos. Procurou-se indicar essas referências nas notas, bem como reproduzir as passagens correspondentes dos textos de Wagner sempre que estas pudessem, de algum modo, contribuir para a compreensão do ensaio de Nietzsche. Para a referência completa dos textos de Wagner mencionados por Nietzsche ver "Kommentar zu Band 1-13", in F. Nietzsche, *Sämtliche Werke (KSA)*, org. G. Colli e M. Montinari. Munique, Walter de Gruyter, 1988, vol. 13, p.81-98.

[2] Sobre esse tema ver J. Burckhardt, "Sobre a grandeza histórica", conferência ministrada na Universidade da Basiléia em 6 nov 1870. Para a tradução brasileira ver *Reflexões sobre a história*. Rio de Janeiro, Zahar, 1961. Nietzsche, que assistiu a essa conferência, observou em uma carta a Gersdorff: "Burckhardt apresentou uma conferência sobre a 'grandeza histórica' em perfeita harmonia com nosso universo de pensamentos e sentimentos." Carta de 7 nov 1870, in F. Nietzsche, *Sämtliche Briefe*, org. G. Colli e M. Montinari. Munique, 1986, p.155.

empreendidas com arsenais e perdas extraordinárias – diversos acontecimentos como esses são dispersos, como simples flocos, pelo sopro da história. Mas pode também acontecer que um poderoso homem desfira um golpe em uma dura rocha sem produzir efeito algum; um curto e penetrante eco, e tudo se foi. A história não tem quase nada a dizer sobre esses acontecimentos que não surtiram efeito. Assim, aquele que vê surgir um acontecimento indaga, com inquietude, se os que o vivenciam se mostrarão dignos. Ao agir procuramos sempre essa correspondência entre ação e recepção, tanto nos pequenos quanto nos grandes empreendimentos, e contamos com ela; aquele que doa deve cuidar de encontrar aquele que não apenas receba, mas que saiba corresponder ao sentido do que é doado. Desse modo, até mesmo o ato individual de um grande homem não possui grandeza quando é infrutífero e sem ressonância; pois no instante de sua realização lhe faltou a visão profunda de sua necessidade: não mirou com a devida precisão, não identificou e escolheu o momento com a devida determinação, o acaso se tornou mais forte, ao passo que existe uma estreita relação entre ser grande e ter o sentido da necessidade.

Mas a preocupação e a ponderação sobre o que acontece hoje em Bayreuth,[3] se acontece no momento certo e se tem o

---

[3] Nietzsche elaborou suas primeiras anotações para a quarta "Consideração extemporânea" no início de 1874, período em que o empreendimento de Bayreuth passava por sérias dificuldades financeiras. No mesmo ano, o rei Ludwig II da Baviera mostrou-se sensível ao projeto de Wagner, concedendo um empréstimo que possibilitou a retomada dos ensaios para a realização do primeiro festival que ocorreu entre 13 e 30 de agosto de 1876, com a apresentação de *O anel dos*

sentido da necessidade, preferimos reservar justamente aos que hesitam a respeito da visão de Wagner sobre o necessário. A nós, os mais confiantes, nos parece que ele acredita tanto na grandeza de seu feito quanto no sentido de grandeza daqueles que deverão vivê-lo. Disso deveriam orgulhar-se todos aqueles, em grande ou pequeno número, aos quais essa fé se dirige – visto que esta, como afirmou o próprio Wagner, em seu discurso de inauguração de 22 de maio de 1872, não se dirige a todos, nem a todas as épocas, nem mesmo à totalidade do povo alemão em sua manifestação atual. E a esse respeito não há nenhum de nós que possa, de modo consolador, lhe fazer objeções: "Somente a vocês", dizia ele então, "aos amigos de minha arte tão particular, de minha produção e criação mais próprias, havia eu me dirigido ao procurar participantes para meu projeto: somente a vocês poderia eu pedir colaboração para minha obra, a fim de poder apresentá-la pura e não desfigurada àqueles que demonstram por minha arte uma afeição sincera, embora esta só lhes tenha podido ser apresentada até agora de forma impura e desfigurada".[4]

Não há dúvida de que em Bayreuth o espectador é também digno de atenção. Um espírito sábio e observador que se trans-

---

nibelungos, e a partir do qual tiveram início os festivais anuais de Bayreuth. Nietzsche escreve a versão definitiva de "Wagner em Bayreuth" entre julho de 1875 e julho de 1876, período que corresponde à retomada dos ensaios para o festival e sua inauguração.

[4] Discurso de Wagner no lançamento da pedra fundamental do teatro de Bayreuth. Nietzsche participou da cerimônia de inauguração, tendo comentado o acontecimento e a atmosfera das festividades em cartas a amigos e familiares. R. Wagner, "Das Bühnenfestspielhaus zu Bayreuth" [O teatro do festival de Bayreuth], in *Gesammelte Schriften und Dichtungen*, Leipzig, 1907, vol. 9, p.32.

portasse de um século para o outro, a fim de comparar os notáveis movimentos da cultura, teria aí muito a observar; sentiria ter sido, de repente, envolvido em águas mornas, como alguém que nadando em um lago sentisse se aproximar uma corrente vinda de uma fonte quente: essa corrente provém de profundidades maiores, diz ele a si próprio, pois a água circundante não a explica e é, ela própria, de origem menos profunda. Assim também ocorre com todos os participantes do festival de Bayreuth; são sentidos como extemporâneos:[5] sua pátria está em outro lugar, não neste tempo, assim como é em outro lugar que encontram seu sentido e sua justificativa. Sempre esteve claro para mim que o "homem culto", na medida em que é inteiramente fruto do tempo presente, não pode apreender o que Wagner faz e pensa senão de forma paródica – do mesmo modo que tudo e todos são parodiados – e que também só quer iluminar o acontecimento Bayreuth com a lanterna totalmente sem magia de nossos espirituosos escritores de jornais. E é uma sorte se ficarem só na paródia! Nela se descarrega um espírito distante e hostil que poderia procurar meios e caminhos bastante diferentes para se expressar, e que não perde oportunidade de fazê-lo. Essa acuidade e tensão

[5] "Wagner em Bayreuth" é o quarto ensaio da série *Considerações extemporâneas*, na qual Nietzsche elabora uma crítica à cultura alemã da época. Os ensaios anteriores são: "David Strauss, o devoto e o escritor", de 1873, "Da utilidade e desvantagem da história para a vida" e "Schopenhauer educador", ambos de 1874. Foi o próprio Wagner que, no início de 1873, sugeriu a Nietzsche que escrevesse sobre questões da atualidade, surgindo assim a idéia dessa série de ensaios na qual a modernidade é pensada de uma perspectiva "extemporânea", ou seja, de um ponto de vista estranho à época e aos valores nela dominantes, capaz por isso de suscitar uma reflexão crítica e criar um distanciamento em relação a esses valores. Ver C.P. Janz, *Nietzsche. Biographie*. Paris, Gallimard, 1984, vol.1, p.485-6.

incomum dos opostos iria chamar a atenção, de qualquer modo, daquele observador da cultura ao qual nos referimos há pouco. Que um indivíduo possa, no transcorrer de uma simples vida humana, criar algo absolutamente novo é motivo de indignação para todos que juraram, como uma espécie de lei moral, pelo caráter gradual de toda evolução: eles não são apenas lentos, mas exigem lentidão – e quando vêem um indivíduo muito veloz, não entendem como isso é possível e o julgam negativamente. Em um empreendimento como o de Bayreuth não há presságio, transição, intermediário: o longo caminho a percorrer para alcançar o objetivo, assim como o próprio objetivo, ninguém o conhecia, somente Wagner. Foi a primeira viagem de circunavegação no domínio da arte: através dela, ao que parece, não somente uma nova arte, mas a própria arte foi descoberta. Toda a arte moderna anterior foi, através desse feito, mais ou menos depreciada, seja como arte voltada para si própria e atrofiada, seja como arte de luxo. Também as lembranças incertas, imprecisas de uma arte autêntica, que nós modernos herdamos dos gregos, devem agora descansar, enquanto não forem capazes de fazer brilhar uma compreensão nova. É chegada a hora da morte para muitas coisas. Essa nova arte é o oráculo que vê a aproximação do declínio e não somente da arte. Sua advertência deve parecer, a partir desse momento, bastante inquietante para nossa cultura atual, pois cessaram os risos suscitados pelas paródias: esperamos que encontrem ainda tempo para rir e se divertir!

Nós, os jovens, que vivenciamos o ressurgimento da arte, teremos ao contrário tempo e vontade para a seriedade, para a seriedade sagrada e profunda! O discurso e o barulho que a cultura produziu até aqui em torno da arte – devemos senti-los como uma descarada petulância. Devemos hoje ficar em silêncio, um silêncio pitagórico de cinco anos.[6] Quem de nós não sujou suas mãos e sua alma a serviço dos repugnantes ídolos da cultura moderna?! Quem não precisa da água purificadora, quem não escuta a voz que adverte: "Façam silêncio e sejam puros!"? Façam silêncio e sejam puros! Somente escutando essa voz poderemos adquirir essa amplitude do olhar a partir da qual contemplaremos o acontecimento de Bayreuth: e é somente nesse olhar que reside o *grande futuro* desse acontecimento.

Quando naquele dia de maio de 1872, sob forte chuva e céu sombrio, a primeira pedra foi colocada na colina de Bayreuth, Wagner retornou em silêncio com alguns de nós à cidade e viu, olhando longamente para dentro de si, o que não era possível descrever em uma palavra. Ele começou nesse dia seu sexagésimo ano de vida: tudo até então havia sido a preparação para esse momento. Sabe-se que homens que estão diante de um extremo perigo ou, em geral, de uma importante decisão de vida, são capazes de condensar todo o vivido em uma visão interior infinitamente rápida, assim como de reconhecer, com rara perspicácia, o que está mais próximo e mais distante. O que deve Alexandre o Grande ter visto naquele instante em que tra-

[6] Alusão à prática de cinco anos de contemplação e silêncio que caracterizava a iniciação em comunidades religiosas fundadas nos preceitos pitagóricos. O ponto central da doutrina pitagórica era a crença na transmigração das almas, aliada a uma forma de vida ascética que implicava o silêncio, a autodisciplina e a observância de regras estritas com relação à alimentação.

gou, misturadas em um mesmo cântaro, Ásia e Europa? Mas o que naquele dia Wagner viu em seu interior – o que ele foi, o que ele é e o que será –, isto podemos nós, seus próximos, procurar ver até certo ponto: e somente a partir desse olhar wagneriano poderemos também compreender seu grande feito – *a fim de garantir, com essa compreensão, sua fecundidade.*

2.

Seria estranho se o que alguém faz da melhor forma e o que mais gosta de fazer não se tornasse, também, visível na configuração geral de sua vida. A vida, em homens com um excepcional talento, não deveria, como em geral, refletir somente o caráter, mas também e sobretudo o intelecto e sua aptidão mais singular. A vida do poeta épico trará em si algo do caráter épico – como é o caso, dito de passagem, de Goethe, no qual os alemães se habituaram, muito erroneamente, a ver sobretudo o lírico –, assim como a vida do dramaturgo transcorrerá dramaticamente.

O elemento dramático[7] na vida de Wagner não pode ser ignorado, sobretudo considerando que a paixão nele predominante se torna consciente de si própria e passa a resumir a totalidade de sua natureza: com isso cessa a aproximação, a errância, a proliferação de rebentos parasitários, e nos caminhos e desvios mais tortuosos, na trajetória muitas vezes aventureira

---

[7] Cf. carta de Nietzsche a Wagner, 24 mai 1875: "Ao refletir sobre sua vida, tenho sempre o sentimento de um transcurso *dramático*...", in F. Nietzsche, *Sämtliche Briefe (KSB)*, op.cit., p.55.

de seus planos, reina uma única lei interior, uma vontade que as explica, por mais estranhas que muitas vezes possam parecer tais explicações. Houve, contudo, um período não-dramático na vida de Wagner, sua infância e juventude, pelo qual não se pode passar sem deparar com enigmas. *Ele próprio* parecia não anunciar nada ainda; e o que hoje talvez se pudesse, retrospectivamente, interpretar como um sinal, mostra-se a princípio como uma justaposição de qualidades[8] que não despertaria esperança, mas preocupação: um espírito suscetível, agitado, de uma pressa febril na realização de centenas de coisas ao mesmo tempo, um gosto apaixonado por estados de alma extremos e doentios, mudanças súbitas de ânimo, que oscilavam de estados muito serenos a estados explosivos e ruidosos. Nenhuma disciplina artística herdada ou familiar o continha: a pintura, a poesia, o teatro, a música o atraíam do mesmo modo que uma educação e um futuro eruditos; quem olhasse superficialmente, acreditaria que nascera para o diletantismo.[9] O pequeno mundo em cujos

[8] Richard Wagner nasce em Leipzig em 22 de maio de 1813, filho de Johanna e Friedrich Wagner. Seis meses depois, em 22 de novembro, o pai morre de tifo. A família se muda para Dresden em 1814, quando sua mãe se casa com Ludwig Geyer, que trabalhava como ator da corte, retratista e ator. Em sua infância e juventude, Wagner entusiasma-se pelo teatro, participa das pequenas montagens familiares, assim como das peças de seu padrasto. Mais tarde, estimulado por seu tio Adolf, empreende uma viagem de estudos a Leipzig, iniciando um período de dedicação à cultura clássica e à literatura, no qual compõe dramas e poemas épicos. O encontro com a música acontece em 1829, quando escuta pela primeira vez em Leipzig as sinfonias e a abertura de *Egmont*, de Beethoven. Em 1831, inicia os estudos de música na Universidade de Leipzig.

[9] No escrito "Eine Mitteilung an meine Freunde" [Comunicação a meus amigos], de 1851, o próprio Wagner se refere à diversidade de seus interesses artísticos: "Foi sobre a poesia e sobre a música que se transportou com maior resolução e insis-

arredores crescera não era um meio do qual se pudesse dizer que era favorável a um artista. Estava próximo do prazer perigoso na frivolidade espiritual, assim como daquela pretensão, típica das cidades de eruditos, que acredita estar na posse de toda espécie de saber; sua sensibilidade era facilmente despertada e superficialmente satisfeita; para qualquer lado que olhasse, via-se rodeado por um ser estranhamente precoce, porém ativo, para o qual o colorido do teatro formava um contraste cômico e os acordes sedutores da música, um contraste inapreensível. Mas o que, em geral, surpreende o indivíduo afeito a comparações é constatar o quanto é raro no homem moderno, se este recebeu um dom especial, possuir em sua infância e juventude as qualidades de ingenuidade, de simples originalidade e de personalidade; ao contrário, os homens raros que, como Goethe e Wagner, chegaram à ingenuidade, a ela chegaram na idade adulta e não na infância ou na juventude. Principalmente o artista, que possui em alto grau a faculdade imitativa, nele inata, é atingido pela volubilidade sem vigor da vida moderna como por uma violenta doença infantil; como menino e jovem se parecerá mais com um velho do que consigo. O modelo austero de Siegfried, do *Anel dos nibelungos*, só poderia ter sido engendrado por um homem: aquele que conheceu tardiamente sua própria

tência meu empenho de imitação. Talvez, não fosse a morte prematura de meu padrasto, pintor de retratos, cujo exemplo imediato me foi retirado, eu tivesse me dedicado igualmente à pintura... As sinfonias de Beethoven, que me foram reveladas quando eu tinha 15 anos, determinaram enfim minha vocação apaixonada pela música, que, aliás, sempre agiu poderosamente sobre mim." Cf. M. Schneider, *Wagner*. São Paulo, Martins Fontes, 1991, p.12.

juventude. Assim como sua juventude, a idade madura de Wagner veio tardiamente, de modo que, ao menos nesse ponto, ele é o contrário de uma natureza precoce.

Tão logo sobrevém a maturidade espiritual e moral de Wagner tem início também o drama de sua vida. E como o horizonte agora é outro! Sua natureza aparece incrivelmente simplificada, dividida em dois impulsos ou esferas. Do mais fundo se agita uma vontade impetuosa que, precipitadamente, quer chegar por todos os caminhos, por todas as cavernas, por todas as gargantas, à luz e aspira ao poder. Somente uma força absolutamente pura e livre podia orientar essa vontade para o bem e para a generosidade; atrelada a um espírito estreito, essa vontade poderia, com seu tirânico e ilimitado desejo, ter seguido um curso fatal; em todo caso, era necessário encontrar logo um caminho ao ar livre, alcançar a claridade do dia e o brilho do sol. Um esforço enérgico confrontado, sem cessar, com seus insucessos, torna o homem perverso; o resultado insatisfatório pode, por vezes, residir nas circunstâncias, na inflexibilidade do destino, e não em uma falta de força: mas aquele que não pode abrir mão do que deseja, apesar desses resultados, age como alguém que de certo modo se intoxica, tornando-se sempre irritadiço e injusto. Talvez procure as razões de seu fracasso nos outros e pode, em um ódio arrebatado, tratar o mundo inteiro como culpado; talvez siga, obstinadamente, estradas paralelas e secretas ou use de violência: assim pode acontecer que naturezas boas, que buscam o melhor, se tornem selvagens. Mesmo entre aqueles que somente perseguem sua própria purificação moral, entre eremitas e monges, encontram-se tais homens que se barbarizam, totalmente doentes, homens atravessados e corroídos pelo fracasso. Mas havia um espírito cheio de amor, que aconselhava com bondade e doçura, com transbordante suavidade, que detestava a violência e as mortificações e que não queria ver ninguém detido: este espírito falou a Wagner. Desceu até ele, o envolveu com suas asas consoladoras, lhe mostrou o caminho.[10] Voltemos o olhar para a outra esfera da natureza de Wagner: mas como devemos descrevê-la?

As personagens criadas por um artista não são ele próprio, mas o conjunto dessas personagens, ao qual ele se encontra claramente ligado por meio do mais profundo amor, revela certamente algo sobre ele próprio. Representemos Rienzi, o Holandês do *Navio fantasma* e Senta, Tannhäuser e Elisabeth, Lohengrin e Elsa, Tristan e Marke, Hans Sachs, Wotan e Brunilde:[11] uma corrente subterrânea de enobrecimento e amplitude moral, fluindo sempre mais límpida e pura, os atravessa e os liga a todos – e aqui estamos nós, ainda que com recato e reserva, diante do mais íntimo devir da alma de Wagner. Em que artista é possível encontrar algo semelhante, com uma tal grandeza? Os personagens de Schiller, dos ladrões a Wallenstein e Tell, percorrem

---

[10] Em "Comunicação a meus amigos", Wagner observa: "Sobre a essência da música me pronunciei o bastante ultimamente; gostaria nesse momento de homenageá-la como meu bom anjo, que não apenas me protegeu, na verdade me fez como artista..." Wagner, *Gesammelte Schriften und Dichtungen*, op.cit., vol. 4, p.263.

[11] Nietzsche refere-se aos personagens das seguintes obras de Wagner: *Rienzi, o último dos tribunos*, *O navio fantasma*, *Tannhäuser*, *Lohengrin*, *Tristão e Isolda*, *Os mestres cantores* e *O anel dos nibelungos*.

igualmente um caminho de enobrecimento e expressam algo do devir de seu criador. Em Wagner, contudo, a escala é maior e mais longo o caminho. Todos os elementos, não somente o mito, mas também a música, participam dessa purificação e a expressam; no *Anel dos nibelungos* encontro a música mais moral que conheço, por exemplo, quando Brunilde é despertada por Siegfried; aqui Wagner alcança uma tal altura e sacralidade da alma que somos levados a pensar no flamejar das geleiras e dos cumes nevados dos Alpes: a natureza se eleva aqui tão pura, solitária, quase inacessível, impassível, banhada pela luz do amor; nuvens e tempestades, e o próprio sublime, estão abaixo dela. Se lançarmos daqui um olhar retrospectivo para Tannhäuser e o Holandês, poderemos sentir como foi e como se formou o homem Wagner: como começou sombrio e inquieto, buscando tempestuosamente satisfação, poder, e aspirando ao prazer embriagante, muitas vezes recuou com náusea, tentando tirar o peso de si, desejando esquecer, negar, renunciar – a correnteza se precipitava ora para este, ora para aquele vale, penetrando nas mais escuras gargantas – na noite dessa agitação meio subterrânea uma estrela apareceu no alto, com um brilho triste, e assim que a reconheceu ele lhe deu um nome: *fidelidade, fidelidade desinteressada*! Por que ela o iluminou com maior clareza e pureza do que todas as outras coisas, que segredo possui a palavra "fidelidade" para todo seu ser? Pois em tudo o que ele pensou e criou havia colocado a imagem e a questão da fidelidade, há em suas obras uma série quase completa de todas as formas possíveis de fidelidade, dentre as quais pressentira as mais esplêndidas e raras: fidelidade entre irmão e irmã, entre amigos, entre o servidor e seu mestre, Elisabeth e Tannhäuser, Senta e o Holandês, Elsa e Lohengrin, Kurvenal e Marke para com Tristan, Brunilde para com os mais íntimos desejos de Wotan – e isso apenas para começar. Essa é a experiência original mais própria que Wagner viveu e que venerou como um mistério religioso: ele a expressou com a palavra "fidelidade" e jamais cansou de exteriorizá-la, sob centenas de formas distintas, e presenteá-la, na plenitude de sua gratidão, com o mais esplêndido do que tem e pode – esta maravilhosa experiência e conhecimento de que uma esfera de seu ser permaneceu fiel à outra: por um amor livre e desprovido de todo egoísmo a esfera criadora, inocente e luminosa permaneceu fiel à esfera sombria, indomável e tirânica.

3.

Na relação entre essas duas forças mais profundas, na devoção de uma a outra, residiu a grande necessidade através da qual Wagner podia permanecer inteiramente ele próprio: era, ao mesmo tempo, a única coisa que ele não tinha em seu poder, que tinha de observar e aceitar, ao passo que era a sedução para a infidelidade e seus terríveis perigos que ele sempre via de novo aproxima-se de si. Aqui corria uma abundante fonte de sofrimento para o homem que está em devir: a incerteza. Cada um de seus impulsos aspirava à desmedida, todos os seus dons generosos queriam se soltar uns dos outros e buscar sua própria satisfação; quanto maior sua plenitude, tanto maior eram o tumulto e a hostilidade a um encontro. Quanto mais o acaso e a vida estimulavam a conquistar poder, brilho, prazer intenso, tanto mais a impiedosa necessidade o atormentava a ter de viver; por toda parte grilhões e armadilhas. Como é possível manter-se fiel, permanecer inteiro? Essa questão o atormentava muitas vezes e se expressava, tal como um artista em questão, em figuras poéticas: Elisabeth pode apenas sofrer, rezar e morrer por Tannhäuser, ela salva, graças a sua fidelidade, do inconstante, do desmedido, mas não para essa vida.[12] A vida de todo verdadeiro artista, lançado nos tempos modernos, segue um curso perigoso e desesperado. De inúmeras formas ele pode alcançar honra e poder, a tranqüilidade e a satisfação lhe são oferecidas em diversas oportunidades, mas sempre somente da forma como os homens modernos a conhecem, o que acaba gerando para o artista leal uma atmosfera sufocante. O perigo reside nessas tentações, mas também no afastar-se delas, no desgosto diante dos meios modernos de adquirir prazer e prestígio, na repulsa contra todo bem-estar egoísta típico do homem moderno. Imaginemos que ele assuma um cargo público, tal como Wagner exerceu o cargo de mestre-de-capela do teatro da cidade e da corte.[13] Percebe-se que o mais sério artista quer

[12] Nietzsche refere-se ao último ato de *Tannhäuser*, no qual Elisabeth antes de morrer torna possível a redenção de Tannhäuser, que morre em seguida. Aqui a redenção não se consuma na vida, mas na morte.

[13] Wagner exerceu o cargo de diretor musical do teatro de Riga, de 1837 a 1839, e foi nomeado mestre-de-capela vitalício da corte da cidade de Dresden em 1843, tendo exercido o cargo até 1849.

impor, com determinação, a seriedade em um meio no qual as instituições modernas são quase construídas tendo a frivolidade como princípio e como exigência, se em parte é vitorioso, no todo volta sempre a fracassar, é tomado de desgosto e quer fugir, mas não encontra um lugar e precisa sempre de novo retornar aos ciganos e excluídos de nossa cultura como um dos seus.[14] Quando se livrava de uma situação, raramente encontrava algo melhor, caindo, por vezes, na mais profunda indigência. Assim Wagner mudou de cidades, companheiros, países e dificilmente se compreende em que circunstâncias e em que ambientes ele durante um certo tempo suportou viver. Na mais longa metade de sua vida predomina um atmosfera pesada; em geral ele não tem mais esperança, vive de hoje para amanhã, não se desespera, apesar de não acreditar. Assim como um caminhante vai noite adentro com pesado fardo, cansado no mais profundo de si, mas desperto pela insônia, assim ele procurou, muitas vezes, se encorajar; uma morte repentina surge então diante de seus olhos não como um terror, mas como um fantasma amável e sedutor.[15] Fardo, caminho e noite, tudo desaparecendo de uma

---

[14] Cf. Wagner, "Epílogo das circunstâncias e dos destinos que acompanharam a realização do festival 'O Anel dos Nibelungos' até a publicação de seu libreto" (1871): "... o único consolo que o teatro me reservou, eu o encontrei entre essas crianças perdidas da sociedade burguesa moderna ... e para elas, que erravam como ciganos através do caos de uma nova ordem mundial burguesa, quis erguer minha bandeira." In *Gesammelte Schriften und Dichtungen*, op.cit., vol. 6, p.260.

[15] Cf. R. Wagner "Comunicação a meus amigos" (1851): "Jamais me pareceu tão claro quanto naquele tempo o constrangimento pelo qual a indissociável ligação entre a situação de nossas artes e de nossa vida moderna sujeita um coração livre e leva um homem para o mal. Que saída resta ao indivíduo – senão a morte?" in *Gesammelte Schriften und Dichtungen*, op.cit., vol. 4, p.371.

só vez! – tais palavras soavam sedutoramente. Centenas de vezes ele lançou-se de novo à vida com uma esperança de pouco fôlego, deixando para trás todos os fantasmas. Mas, no modo como o fazia, havia quase sempre algo desmedido, como sinal de que ele não acreditava profunda e firmemente naquela esperança, mas somente se embriagava nela. O contraste entre seu desejo e sua habitual impotência, maior ou menor, de o satisfazer, o atormentava e o instigava, a constante privação o impulsionava, e sua imaginação se perdia em divagações se a falta de súbito viesse a diminuir. A vida se tornava cada vez mais complicada; mas também os meios e alternativas que ele, o dramaturgo, descobria eram sempre mais ousados e inventivos, mesmo que fossem somente meros recursos dramáticos, motivos enganosos que iludem por um instante e que são inventados somente para aquele instante. Ele se apropriava deles com a velocidade de um raio e com esta mesma velocidade eram consumidos. A vida de Wagner, vista bem de perto e sem amor, tem, para lembrarmos um pensamento de Schopenhauer[16], bastante de comédia e de uma comédia singularmente grotesca. Da mesma forma que o sentimento, a confissão da grotesca indignidade de períodos inteiros de sua vida afetava o artista que, mais do que qualquer

---

[16] Cf. A. Schopenhauer, *O mundo como vontade e representação* I: "A vida do indivíduo, quando vista no seu todo e em geral, quando apenas seus traços mais significativos são enfatizados, é realmente uma tragédia; porém, percorrida em detalhes, possui o caráter de comédia, pois as labutas e vicissitudes do dia, os incômodos incessantes dos momentos, os desejos e temores da semana, os acidentes de cada hora, sempre produzidos por diatribes do acaso brincalhão, são puras cenas de comédia." (§58, trad. Jair Barboza. São Paulo, Unesp, 2005, p.414)

outro, só podia respirar no sublime e no além do sublime – eis o que dá ao pensador o que pensar.

Em meio a tal agitação, que somente através da descrição mais detalhada poderia suscitar o grau de compaixão, terror e surpresa que merece, se desenvolveu *um dom de aprender* raro mesmo entre os alemães, o povo-aprendiz por excelência; e desse dom nasceu um novo perigo, que era até mesmo maior que o de uma vida desenraizada e instável na aparência, atravessada em todos os sentidos por uma incessante ilusão. De principiante que faz seus primeiros ensaios, Wagner torna-se um mestre absoluto da música e da cena, inventor e criador em cada requisito técnico. Ninguém contesta que tenha criado o mais alto modelo para a arte da grande execução. Mas ele fez muito mais e, para alcançar todas essas coisas, evitou tão pouco como qualquer outro apropriar-se por meio do aprendizado da mais alta cultura. E que empreendimento! Dá alegria poder olhar; tudo crescia em torno dele, dentro dele e, conforme aumentava em tamanho e peso a construção, mais tenso se tornava o arco do pensamento que ordena e domina. Mas raramente foi preciso tanto esforço para ter acesso às ciências e técnicas e foi necessário, muitas vezes, improvisar tal acesso. O inovador do simples drama, o descobridor do lugar da arte na verdadeira sociedade humana, o intérprete-poeta de concepções passadas da vida, o filósofo, o historiador, o esteta e crítico Wagner, o mestre da língua, o mitólogo e criador de mitos, o qual pela primeira vez selou com um anel a admirável, antiqüíssima e extraordinária criação e lá enterrou as runas de seu espírito – que plenitude de saber teve ele que acumular e abarcar, a fim de poder tornar-se tudo isso! E entretanto tal conjunto não esmagou sua vontade de agir, assim como o que havia de particular, de mais fascinante não o afastou do caminho. Para avaliar o caráter excepcional de tal conduta, considere-se o grande contra-exemplo de Goethe, o qual, como aprendiz e conhecedor, se assemelha a uma corrente fluvial abundantemente ramificada, que não dirige a totalidade de sua força para o mar, mas perde e dispersa em seus caminhos e meandros tantas coisas quanto as que leva consigo até a saída. É verdade, um ser como o de Goethe experimenta e proporciona mais prazer, em torno dele há uma serena e nobre prodigalidade, ao passo que o caminho impetuoso de Wagner pode talvez assustar e intimidar. Mas que se assuste quem quiser: nós nos sentiremos cada vez mais corajosos ao contemplar um herói cujos olhos, mesmo no que diz respeito à cultura moderna, "não aprendeu o medo".[17]

Tampouco Wagner aprendeu a procurar repouso na história e na filosofia ou a extrair delas os efeitos mágicos e sedativos que fazem desistir da ação. O estudo e a formação não desviaram o artista criador e militante de seu caminho. Tão logo a força formadora nele predominou, a história tornou-se uma argila flexível em suas mãos; de imediato, estabelece com a história uma relação diferente daquela do erudito, relação esta que se

[17] Referência ao primeiro ato de *Siegfried*, no qual Wotan surge disfarçado de andarilho e após um diálogo com o anão Mime anuncia quem irá forjar a espada do herói Siegfried: "aquele que nunca conheceu o medo". Ver, no anexo à presente edição, a sinopse de *Siegfried*, Prelúdio e Ato 1, que compõe a tetralogia *O anel dos nibelungos*.

assemelha aos gregos diante de seus mitos, como algo que formamos e criamos com amor e com uma devoção reverente, mas sobretudo com os direitos soberanos do criador. E justamente porque a história é para ele ainda mais flexível e inconstante do que o sonho, ele pode introduzir em um acontecimento singular, sob a forma de poesia, o que há de típico em épocas inteiras e assim alcançar uma verdade da representação que o historiador jamais alcança. Onde mais poderia a Idade Média cavalheiresca ser transposta, em carne e espírito, senão em *Lohengrin*? E não irão os *Mestres cantores* narrar a essência alemã para épocas longínquas ou, mais do que narrar, não serão eles um dos mais maduros frutos daquela essência que sempre quer reformar e não revolucionar[18] e, sobre a vasta base de sua tranqüilidade, não desaprendeu a mais nobre inquietação, a do ato renovador?

Precisamente a essa forma de inquietação Wagner era sempre de novo levado, em razão de seu estudo da história e da filosofia: nelas não somente encontrava armas e armaduras, mas respirava sobretudo o sopro cheio de estusiasmo que provinha dos jazigos de todos os grandes lutadores, de todos os grandes sofredores e pensadores. Nada nos distingue melhor da época moderna do que o uso que fazemos da história e da filosofia. À primeira, tal como é habitualmente compreendida, parece hoje ter sido atribuída a tarefa de deixar respirar o homem moderno, que corre ofegante e penosamente para seu objetivo, e lhe dar

[18] "Assim, o alemão não é revolucionário, mas reformador, e sabe conservar, para exprimir-se, uma riqueza de formas de que não dispõe qualquer outra nação." R. Wagner, *Beethoven*. Porto Alegre, L&PM, 1987, p.42.

por um instante o sentimento de estar, por assim dizer, desatrelado. O que o indivíduo Montaigne representa na agitação do espírito da Reforma, uma busca de calma interior, um pacífico ser para si e uma respiração tranqüila – e assim sentiu seu melhor leitor, Shakespeare –, isto é a história para o espírito moderno. Quando, há um século, os alemães se dedicaram especialmente ao estudo da história, mostraram como representam, no movimento do mundo moderno, a força de estabilização, de retardamento, de pacificação: o que talvez alguns consideraram como uma distinção. No todo, entretanto, é um sintoma perigoso esse de referir o combate espiritual de um povo sobretudo ao passado, o que significa um sinal de adormecimento, de atraso e de fraqueza: é assim que os alemães se acham hoje perigosamente expostos a toda febre que surge ao redor, à febre política, por exemplo. Em contraposição a todos os movimentos de reforma e revolução, nossos eruditos representam, na história do espírito moderno, tal estado de fraqueza, eles não se deram a mais ambiciosa tarefa, mas procuraram assegurar para si, à sua maneira, uma forma de felicidade pacificadora. Cada empreendimento mais livre, mais viril somente passa por eles – o que não se aplica de forma alguma à história! Essa traz em si forças inteiramente diferentes, que naturezas como a de Wagner pressentem: mas é preciso que seja escrita em um sentido muito mais sério e estrito, guiada por uma alma poderosa, e não mais em um sentido otimista como foi o caso até aqui, vale dizer, de uma maneira distinta de como têm feito até agora os eruditos alemães. Há, em todos os seus trabalhos, algo edulcorante, servil, convincente, e as coisas tais como estão lhes convêm. Já é muito quando um deles dá a entender que só se considera satisfeito porque as coisas poderiam ter sido muito piores: a maior parte deles acredita, de modo quase automático, que as coisas estão muito bem tal como acontecem. Não fosse a história sempre uma teodicéia cristã disfarçada,[19] fosse ela escrita com maior justiça e ardor da compaixão, então seria ela verdadeiramente a menos própria a desempenhar o papel que desempenha hoje: servir de ópio contra toda a transformação e renovação. O mesmo ocorre com a filosofia: a maioria gostaria somente de aprender a compreender mais ou menos as coisas – muito mais ou menos! –, a fim de se conformar com elas. E mesmo seus mais nobres representantes ressaltam tão claramente seu poder de acalmar e consolar que os preguiçosos e os que aspiram ao repouso acabam acreditando buscar o mesmo que a filosofia. Parece-me, ao contrário, que a questão mais importante de toda filosofia é a de saber até que ponto as coisas são de uma natureza e de uma forma inalteráveis: a fim de, tendo respondido a essa questão, combater com uma coragem sem reservas pela *melhora da parte reconhecidamente modificável do mundo*. Eis o que ensinaram os verdadeiros filósofos ao trabalharem para a melhora do entendimento humano, muito volúvel, sem guardar para si sua sabedoria; da mesma forma, os verdadeiros adeptos das verdadeiras filosofias, como Wagner,

[19] Trata-se da variação, elaborada por Nietzsche, de uma frase de Feuerbach, segundo a qual a filosofia é uma teologia disfarçada. Essa frase foi encontrada por Nietzsche em um escrito de Wagner. Cf. R. Wagner, "Einleitung zum dritten und vierten Bande" [Introdução ao terceiro e quarto volume], in *Gesammelte Schriften und Dichtungen*, op.cit., vol. 3, p.4.

ensinaram a tirar delas não meios narcóticos, mas uma maior determinação e firmeza. Wagner é tanto mais filósofo quanto mais ativo e heróico se mostra. E é precisamente como filósofo que não somente atravessa o fogo de diferentes sistemas filosóficos,[20] sem temor, mas também o vapor do saber[21] e da erudição, permanecendo ao mesmo tempo fiel a seu eu superior que exigiu "*de seu ser polifônico ações plenas*" e lhe ordenou que sofresse e aprendesse, a fim de poder realizar tais ações.

4.

A história do desenvolvimento da cultura desde os gregos pode ser considerada curta se observarmos apenas o caminho que foi efetivamente percorrido, deixando de lado as paradas, recuos,

[20] Durante a revolução de 1849 em Dresden, Wagner conheceu o famoso anarquista russo Mikhail Bakunin e foi colaborador do revolucionário jornal *Volksblätter* de August Röckel. Nessa ocasião entra em contato com as idéias de Proudhon, lendo e discutindo *O que é a propriedade* (1840), assim como compartilha da crítica dele ao casamento como oficialização e perpetuação dos direitos de propriedade. No ano seguinte, em Zurique, se aproxima da obra do filósofo Ludwig Feuerbach e de sua reflexão crítica sobre a religião, cujos ecos encontramos na relação entre o homem e a divindade elaborada por Wagner em *O anel dos nibelungos*. Alguns anos depois, em Tribschen, entra em contato com a filosofia de Arthur Schopenhauer, que produz mudanças fundamentais em sua concepção da arte e do drama musical. Cf. B. Millington (org.), *Wagner um compêndio. Guia completo da música e da vida de Wagner*. Rio de Janeiro, Jorge Zahar, 1995, p.326s.

[21] Cf. W. Goethe, *Fausto* I, Verso 396: "Oh, nunca mais, argênteo luar, me contemplasses o penar! ... Ah! se eu pudesse, em flóreo prado, livre de todo saber falho, sarar, em banho teu, de orvalho!" Céus! prende-me ainda este antro vil? Maldito, abafador covil, em que mesmo a celeste luz por vidros foscos se introduz! Opresso pela livralhada, que as traças roem, que cobre a poeira, que se amontoa, embolorada, do soalho à abóbada cimeira." Cf. W. Goethe, *Fausto*. (Jenny Segall. Belo Horizonte, Villa Rica, 1991, p.42.)

hesitações, espreitas. A helenização do mundo e, para torná-la possível, a orientalização do helenismo – a dupla tarefa do grande Alexandre – continuam sendo o último dentre os grandes acontecimentos; e a velha questão de saber se é possível, em geral, transplantar uma cultura estranha continua sendo o problema sobre o qual se debruçam os modernos. A alternância rítmica daqueles dois fatores um em relação ao outro é o que propriamente determinou o curso da história até os dias de hoje. O cristianismo surge, por exemplo, como um fragmento da Antigüidade oriental que os homens levaram, com excessiva minúcia, às últimas conseqüências em pensamentos e atos. Com o desaparecimento de sua influência, triunfou de novo o poder da cultura helênica; presenciamos fenômenos tão desconcertantes que ficariam suspensos no ar, inexplicáveis, para além de um enorme espaço de tempo, se não fosse possível relacioná-los às analogias gregas. Existem assim entre Kant e os Eleatas, entre Schopenhauer e Empédocles, entre Ésquilo e Wagner aproximações e afinidades tais que somos levados a sentir de modo quase tangível a essência muito relativa de todos os conceitos de tempo: é como se certas coisas estivessem estreitamente relacionadas e o tempo fosse somente uma nuvem que dificulta que nossos olhos vejam essa relação. A história das ciências exatas, em particular, produz a impressão de que nos encontramos atualmente em estreita proximidade com o mundo greco-alexandrino, como se o pêndulo da história retornasse ao ponto onde iniciou sua oscilação, longínquo em sua distância e errância misteriosas. A imagem que nosso mundo atual oferece não é absolutamente nova: aqueles que conhecem a história experimentam cada vez mais o sentimento de reconhecer os traços antigos e familiares de um rosto. O espírito da cultura helênica encontra-se em infinita dispersão em nosso presente: enquanto se aglomeram forças de todos os tipos e os frutos das modernas ciências e técnicas são colocados em oferta como meios de troca, volta a se insinuar com traços pálidos, ainda que distante e espectral, a imagem do helenismo. A terra, já suficientemente orientalizada, aspira de novo à helenização; quem vier em seu auxílio terá de ter certamente prontidão e pés alados, a fim de reunir os mais distintos e distantes pontos do conhecimento, os continentes mais remotos de talentos, a fim de percorrer e dominar um campo extraordinariamente vasto. Por isso se tornou necessária, nos dias de hoje, uma série de contra-Alexandres dotados de uma poderosa força capaz de puxar e unir, de juntar os fios mais distantes e preservar o tecido da dispersão. Não se trata de desfazer o nó górdio da cultura grega, como fez Alexandre, deixando que suas pontas esvoaçassem por todas as partes, *mas de refazê-lo depois de ter sido desfeito* – esta é agora a tarefa. Em Wagner reconheço um tal contra-Alexandre: ele liga e reúne o que estava isolado, enfraquecido e descuidado; ele tem, se me é permitida uma expressão médica, uma força *adstringente*: nesse ponto ele pertence às grandes forças da cultura. Ele age sobre as artes, as religiões, as diferentes histórias dos povos e é, entretanto, o oposto de um *polyhistor*[22], de um espírito que apenas cole-

[22] De acordo com a etimologia grega, designa aquele que possui conhecimento em diversas áreas.

ciona e ordena: pois plasma o que foi reunido e lhe dá vida, é um *simplificador do mundo*. Não devemos nos deixar afastar dessa representação quando comparamos essa tarefa mais geral, que seu gênio lhe conferiu, com a muito mais estreita e acessível na qual atualmente se pensa em primeiro lugar ao se pronunciar o nome de Wagner. Espera-se dele uma reforma do teatro: supondo que a realize, o que seria feito relativamente a essa outra tarefa mais elevada e longínqua?

Ora, com isso, o homem moderno estaria mudado e reformado: pois, em nosso mundo moderno, uma coisa depende tão necessariamente da outra que basta retirar um prego para o edifício vacilar e ruir. Também com relação àquela outra reforma real, seria de esperar o mesmo do que afirmamos a respeito da reforma wagneriana, e que soava aparentemente como um exagero. Não é de forma alguma possível colocar em ação os efeitos mais elevados e mais puros da arte teatral sem inovar todos os domínios, a moral e o Estado, a educação e o comércio. O amor e a justiça tornam-se poderosos em um ponto, precisamente no domínio da arte, e devem propagar-se segundo a lei de sua necessidade interior e não retornar à imobilidade de sua primeira crisálida. Para compreender em que medida a situação de nossa arte em relação à vida é um símbolo da degeneração dessa vida, em que medida nosso teatro é uma vergonha para aqueles que o constroem e freqüentam, é preciso modificar inteiramente os pontos de vista e saber olhar o habitual e cotidiano como algo insólito e complicado. Uma estranha perturbação do juízo, uma mal dissimulada busca por diversão, por entretenimento a todo custo, considerações pedantes, ares presunçosos e escárnio com a seriedade da arte de parte dos que a realizam, brutal avidez por ganhos monetários de parte dos empresários, o vazio e a ausência de pensamento de uma sociedade que só pensa no povo quando este lhe é útil ou perigoso e freqüenta teatros e concertos sem jamais lembrar de suas obrigações – esse conjunto forma o ar abafado e ruinoso de nossos meios artísticos atuais: mas quando se está acostumado, como estão nossos eruditos, então se considera tal atmosfera indispensável à sáude e se sente mal-estar quando, por alguma circunstância, é necessário se afastar durante um tempo. Só há um meio, de fato, de se convencer com rapidez da vulgaridade e, propriamente, da vulgaridade intrincada e estranha de nossas instituições teatrais: basta que se compare com a realidade passada do teatro grego! Supondo que nada soubéssemos dos gregos, então talvez não houvesse meio algum para remediar essa situação e consideraríamos tais objeções, que foram levantadas pela primeira vez em grande estilo por Wagner, como desvarios de pessoas que se sentem em casa em terra de ninguém. Do modo como são os homens, dir-se-ia talvez, essa arte lhes basta e lhes convém – afinal, jamais foram diferentes! – Mas eles certamente foram diferentes e mesmo hoje existem homens para os quais as atuais instituições não satisfazem – e é isto precisamente o que Bayreuth testemunha. Aqui temos espectadores preparados e iniciados, a emoção de homens que se encontram no auge de sua alegria e nela sentem concentrado todo o seu ser, a fim de se deixar fortalecer pelo mais amplo e mais alto querer; encontramos o mais total sacrifício dos artistas e o espetáculo dos espetáculos, o vitorioso criador de uma obra que resume uma plenitude de vitoriosos atos de arte. Não parece quase obra de encantamento poder encontrar tal fenômeno no presente? Quanto aos que foram admitidos a colaborar e participar, não estarão já transformados e renovados, dispostos no futuro a transformar e renovar também em outros domínios da vida? Depois da desoladora infinitude do mar, não encontramos um porto, uma calma que se espalha pelas águas? – Aquele que retornou da profundidade e solidão da alma, que aqui reina, para as superfícies e depressões tão distintas da vida não deveria, como Isolda, indagar: "Como suportei tudo isso? Como suporto ainda?"[23] E se ele não suporta ocultar em si, egoisticamente, sua felicidade e infelicidade, terá agora todas as oportunidades de testemunhá-lo através de seus atos. Onde estão os que sofrem com as instituições atuais?, perguntará ele. Onde estão nossos aliados naturais, aqueles com os quais podemos lutar contra a proliferação luxuriante e opressiva da cultura douta atual? Pois no momento temos somente um inimigo – eu disse, no momento! –, justamente esses "homens cultos" para os quais a palavra "Bayreuth" designa um de seus mais profundos fracassos – eles não participaram, opuseram-se com fúria ou mostraram aquela surdez, ainda eficaz, que se tornou agora uma arma habitual da oposição mais circunspecta. Mas precisamente por isso sabemos que eles não puderam destruir o ser próprio de Wagner, através de sua hostilidade e perfídia, não puderam impedir sua obra. E

[23] R. Wagner, *Tristão e Isolda*, Ato II, Cena 2.

ainda mais: eles traíram sua própria fraqueza e revelaram que a resistência dos que até aqui detiveram o poder não suportará mais os contínuos ataques. Esse é o instante para os que querem conquistar poder e vencer, os maiores reinos se oferecem a eles e um ponto de interrogação paira sobre os nomes dos proprietários, se é que existem proprietários.[24] Assim, por exemplo, o edifício da educação foi considerado podre e por toda parte encontram-se indivíduos que silenciosamente já o abandonaram. Se pudéssemos incitar à revolta aberta e declarada os que vivem hoje uma profunda insatisfação! Se pudéssemos despojá-los do desânimo! Uma coisa é certa: se a contribuição silenciosa de tais naturezas fosse subtraída do rendimento do conjunto de nossos estabelecimentos de ensino, esta seria a mais sensível sangria para enfraquecê-la. Entre os eruditos, por exempo, permaneceriam sob o antigo regime somente os que foram contaminados por delírios políticos e os literatos de todos os tipos. O repugnante sistema que agora extrai sua força do apoio que encontra nas esferas da violência e da injustiça, do Estado e da sociedade, e

[24] Wagner lera Proudhon em 1840, durante sua estadia em Paris. Nietzsche, que certamente tinha conhecimento de tais leituras e conversara com Wagner a respeito, faz aqui uma alusão ao pensamento de Proudhon. Em *O que é a propriedade?* (1840), o filósofo francês afirma: "Se eu tivesse de responder à seguinte questão: o que é a escravidão?, e a respondesse numa única palavra: é um assassinato, meu pensamento seria logo compreendido. Eu não teria necessidade de um longo discurso para mostrar que o poder de tirar ao homem o pensamento, a vontade, a personalidade é um poder de vida e de morte, e que fazer um homem escravo é assassiná-lo. Por que então a esta outra pergunta: o que é a propriedade?, não posso eu responder da mesma maneira: é um roubo, sem ter a certeza de não ser entendido, embora esta segunda proposição não seja senão a primeira transformada?" In D. Guérin, *Proudhon, textos escolhidos*. Porto Alegre, L&PM, 1983, p.17.

tira vantagem ao torná-los cada vez piores e sem escrúpulo, torna-se fraco e debilitado sem esse apoio: basta desprezá-lo, assim logo desmorona. Os que combatem pela justiça e amor entre os homens são os que menos devem temê-lo: pois só enfrentarão seus verdadeiros inimigos quando terminarem a luta travada no momento contra a vanguarda da cultura atual.

Bayreuth significa para nós a manhã de consagração no dia da batalha. Não se poderia fazer pior injustiça do que supor que, para nós, trata-se unicamente da arte: como se a arte fosse um remédio ou narcótico, graças ao qual fosse possível se desfazer de todas as outras misérias. Vemos na imagem da obra de arte trágica de Bayreuth justamente a luta dos indivíduos contra tudo o que se apresenta como uma necessidade aparentemente inexorável: contra o poder, a lei, a tradição, a convenção e toda ordem estabelecida das coisas. Os indivíduos só podem viver uma vida que vale a pena quando amadurecem para a morte e se sacrificam em sua luta pela justiça e pelo amor. O olhar cheio de mistério com o qual a tragédia nos olha não produz um encantamento que abranda ou paralisa. Mas ao olhar-nos ela exige calma; pois a arte não existe para o próprio combate, mas para os intervalos de calma que o precedem ou que o entremeiam, para aqueles minutos nos quais o homem, voltando-se para o passado ou para o futuro, é capaz de captar o simbólico e com o sentimento de um leve cansaço vê aproximar-se um sonho reparador. O dia e o combate logo irrompem, as sombras sagradas se dissipam e a arte está de novo longe de nós; mas seu consolo repousa sobre o homem desde a primeira hora da manhã.

Por toda parte o indivíduo comprova sua insuficiência pessoal, sua impotência maior ou menor: mas com que coragem deveria lutar, se não tivesse se consagrado antes a algo suprapessoal? Os maiores sofrimentos que existem para o indivíduo, o saber que não é comum a todos os homens, a incerteza dos princípios últimos e a desigualdade das capacidades, tudo isso faz com que ele necessite da arte. Não se pode ser feliz quando em torno de nós tudo sofre e cria para si sofrimento; não se pode ser ético quando o curso das coisas humanas é determinado pela violência, o engano e a injustiça; não se pode ser sábio quando a humanidade como um todo não estiver na disputa pela sabedoria e o indivíduo não for iniciado do modo mais sábio na vida e no conhecimento. Como suportar esses três sentimentos de insuficiência se não se for capaz de reconhecer em sua luta, esforço e derrota algo sublime e carregado de significação, e se não se aprender com a tragédia o prazer no ritmo das grandes paixões e em seu sacrifício? A arte não é, portanto, nenhuma mestra e educadora para a ação imediata; o artista não é jamais, nesse sentido, um educador e conselheiro; os objetos que são almejados pelos heróis trágicos não são coisas que têm valor e são desejáveis em si mesmas. Para quem se sente sob o encanto da arte, o valor das coisas se modifica como em um sonho: o que consideramos nessa situação tão digno de valor e que nos leva a aprovar o herói trágico quando prefere escolher a morte do que a ela renunciar é, na vida real, raramente do mesmo valor e digno da mesma energia: a arte é, de fato, a atividade daquele que descansa. Os combates que ela mostra são simplificações dos combates reais da vida; seus problemas são abreviações do infinitamente intricado cálculo do agir e do querer humano. Mas justamente nesse ponto residem a grandeza e a imprescindibilidade da arte, pois ela estimula *a aparência* de um mundo mais simples, a solução abreviada do enigma da vida. Ninguém que na vida sofre pode prescindir dessa aparência, do mesmo modo que ninguém pode prescindir do sono. Quanto mais difícil se torna o conhecimento das leis da vida, tanto mais ardentemente desejamos a aparência daquela simplificação, mesmo que somente por um instante, e tanto maior se torna a tensão entre o conhecimento geral das coisas e a capacidade espiritual-moral do indivíduo. A arte está aí *para que o arco não se rompa.*

O indivíduo deve se consagrar a algo suprapessoal – assim quer a tragédia; ele deve desaprender a angústia terrível que lhe inspira a morte e o tempo: pois, no mais breve instante, no mais ínfimo átomo do curso de sua vida ele pode encontrar algo sagrado que compense abundantemente toda luta e toda necessidade – isso significa *ter o sentido trágico*. E se toda a humanidade deve perecer um dia – e quem iria duvidar! – sua tarefa suprema para todo o tempo futuro será a de crescer e se fundir em uma unidade e coletividade tais que, *como um todo*, em um estado de alma trágico, irá ao encontro de sua ruína eminente; nessa tarefa suprema reside todo o enobrecimento do homem; sua recusa definitiva resultaria na imagem mais sombria que um amigo da humanidade poderia colocar diante da alma. Tal é meu sentimento! Existe uma única esperança e uma única garantia para o futuro do humano: *ela consiste em que o estado de alma trágico não pereça*. Sobre a terra ecoaria um grito de dor sem igual se o homem algum dia chegasse a perdê-lo por completo; e não há, por sua vez, prazer mais alegre que o de saber o que sabemos – como o pensamento trágico veio a nascer de novo no mundo. Pois esse prazer é inteiramente suprapessoal e universal, um júbilo da humanidade diante da garantia de coesão e perpetuação do humano em geral.

5.

Wagner colocou a vida presente e o passado sob o raio de luz de um conhecimento forte o bastante para permitir abarcar com o olhar uma extensão pouco comum: por isso ele é um simplificador do mundo; pois essa simplificação sempre consiste em que o olhar de quem conhece se torna sempre de novo senhor da prodigiosa multiplicidade e desordem de um aparente caos, condensando em unidade o que antes estava disperso e inassimilável. Wagner realizou esse feito ao encontrar uma relação entre duas coisas que pareciam viver indiferentes e estranhas uma à outra, como em esferas separadas: entre *música e vida* e, em todo caso, entre *música e drama*. Não que tenha inventado essa relação ou que tenha sido o primeiro a criá-la: ela está aí e jaz, praticamente, aos pés de todos, assim como um grande problema se assemelha sempre ao da pedra preciosa sobre a qual passam milhares, até que enfim um a apanha.

O que significa, pergunta Wagner, o fato de que uma arte como a música tenha surgido como uma força tão incomparável justamente na vida dos homens modernos?[25] Colocar esse problema não significa fazer pouco-caso da vida moderna; não; quando se consideram todas as grandes forças próprias dessa vida e se coloca diante da alma a imagem de uma existência poderosa que aspira e luta pela *liberdade consciente* e pela *independência do pensamento* – somente então a música aparece nesse mundo como um enigma. Não seria necessário dizer: nessa época a música não *poderia* nascer? Mas o que significa sua existência? Um acaso? Um único grande artista poderia certamente ser um acaso, mas o surgimento desta série de grandes artistas testemunhado pela nova história da música[26] e que possui um único precedente, a época dos gregos, leva a pensar que aqui não é o acaso que domina, mas a necessidade. Essa necessidade é justamente o problema ao qual Wagner dá uma resposta.

Ele foi o primeiro a perceber uma situação de perigo tão grande quanto a capacidade da civilização de pôr, hoje, os povos em contato: por toda parte a *linguagem* está doente, e o fardo dessa terrível doença pesa sobre todo desenvolvimento humano.

---

[25] Cf. R. Wagner, "Zukunftsmusik" [A música do futuro], 1860: "A popularidade incomum da música em nosso tempo ... é um testemunho ... de que o desenvolvimento moderno da música corresponde a uma necessidade interna profunda da humanidade." In *Gesammelte Schriften und Dichtungen*, op.cit., vol. 7, p.3.

[26] Nietzsche alude, sobretudo, a Johann Sebastian Bach, cuja obra foi redescoberta pelo romantismo, especialmente a *Paixão segundo são Mateus*, na qual o imenso coro de abertura põe em cena, como o coro de uma tragédia grega, a lamentação das filhas de Sião; a Wolfgang Amadeus Mozart, cujo *Don Giovanni*, a mais trágica de suas óperas, foi reconhecida pelos românticos como o ponto máximo de toda sua obra; e, enfim, a Beethoven, que, intensificando a expressão lírica e introduzindo na música uma nova dimensão de duração, marca a passagem do classicismo ao romantismo (cf., a esse respeito, nota 64 da presente edição).

À medida que a linguagem se elevava sem cessar até os últimos degraus do que lhe era acessível, a fim de apreender o que se encontra no oposto do sentimento, ou seja, no domínio do pensamento, distanciava-se cada vez mais da viva emoção que na origem ela expressava com toda simplicidade. Sua força se viu assim esgotada por meio dessa dilatação excessiva no curto lapso de tempo da civilização moderna: de tal modo que ela não é mais capaz de fazer precisamente aquilo que é sua razão de ser, a saber que os que sofrem possam se entender sobre as mais simples necessidades da vida. O homem não pode mais, em sua necessidade, se dar a conhecer através da linguagem, não pode, portanto, se comunicar verdadeiramente: nesse estado sentido obscuramente, a linguagem tornou-se, por toda parte, uma força que se basta a si mesma e que, como os braços de um fantasma, detém e impele os homens para onde eles não querem ir; tão logo procuram se entender e se unir em torno de uma obra, são tomados pela loucura do conceito geral, assim como do puro som das palavras, e como conseqüência dessa incapacidade de se comunicar as criações de sentido coletivo voltam a trazer a marca do desentendimento mútuo, dado que não correspondem às necessidades reais, mas somente ao vazio daquelas palavras e conceitos despóticos: assim, a todos os seus sofrimentos a humanidade acrescenta, ainda, o da *convenção*, ou seja, um acordo em palavras e atos ao qual não corresponde um acordo do sentimento.[27] Assim como no processo de descensão de toda arte chega-se

[27] Cf. R. Wagner, "A música do futuro": "Parece-me que a necessidade metafísica de descobrir, justamente em nossa época, esse recurso inteiramente novo de lingua-

a um ponto no qual seus meios e formas, em proliferação doentia, adquirem um predomínio tirânico sobre as jovens almas dos artistas e os convertem em seus escravos, assim tornamo-nos agora, com o declínio da linguagem, escravos das palavras; sob tal pressão ninguém mais está em condições de se mostrar como é, de falar ingenuamente. E poucos conseguem, em geral, salvaguardar sua individualidade na luta com uma cultura que crê demonstrar sua eficácia não formando e acolhendo sensações e necessidades claras, mas envolvendo o indivíduo na rede dos "conceitos claros" e ensinando a pensar corretamente: como se tivesse algum valor fazer de alguém um verdadeiro ser pensante e raciocinante antes de tentar fazer dele um verdadeiro ser que sente. Se agora, em uma humanidade a tal ponto ferida, soasse a música de nossos mestres alemães, o que propriamente seria ouvido? Justamente a *autêntica sensação*,[28] hostil a toda convenção, a todo distanciamento e incompreensão artificial entre os homens: essa música é um retorno à natureza e, ao mesmo tempo, a purificação e metamorfose da natureza; pois foi na alma dos homens mais amorosos que nasceu a necessidade desse retorno, e *na sua arte ressoa a natureza metamorfoseada em amor*.

Admitamos que esta seja uma das respostas de Wagner à pergunta sobre o significado da música em nossa época: ele tem ainda uma segunda resposta. A relação entre música e vida não

---

gem resulta da forma cada vez mais convencional da linguagem moderna que se expressa em palavras (*Wortsprache*)." In *Gesammelte Schriften und Dichtungen*, op.cit., vol. 7, p.110.

28 Nietzsche emprega a expressão "richtige Empfindung", aqui traduzida por "autêntica sensação". Ver, sobre esse tema, o prefácio à presente edição, p.13-4.

é somente a de um tipo de linguagem com outro tipo de linguagem, é também a relação do mundo completo dos sons com o conjunto do mundo visual. Tomado como fenômeno visual e comparado com manifestações anteriores da vida, a existência do homem moderno evidencia um indizível esgotamento e pobreza, a despeito da indescritível variedade de cores que só pode satisfazer ao olhar mais superficial. Que se olhe mais acuradamente e se decomponha a impressão produzida por esse jogo de cores turbulento e agitado: o todo não é como o cintilar e relampejar de inúmeras pedrinhas e pedacinhos tomados de empréstimo das culturas passadas? Não dá a impressão de um luxo fora de propósito, de uma movimentação imitada de forma burlesca, de uma exterioridade com ares presunçosos? Um traje feito com retalhos coloridos para os que estão nus e com frio? Uma aparente dança da alegria imposta aos que sofrem? Expressões de orgulho suntuoso ostentadas por indivíduos profundamente feridos? E, em meio a tudo isso, oculto e dissimulado pela rapidez do movimento e do turbilhão, a pálida impotência, o descontentamento amargo, o tédio diligente, a miséria hipócrita! A manifestação do homem moderno foi inteiramente convertida em aparência; ele não está visível naquilo que hoje representa, mas dissimulado; e o resto de inventividade artística que subsistiu em um povo, como por exemplo o povo francês e o italiano, é empregada nessa arte do esconde-esconde. Por toda parte onde hoje se exige "forma", na sociedade e na conversação, na expressão escrita, na relação entre os Estados, entende-se por isso involuntariamente uma aparência agradável, ou seja, o contrário do verdadeiro conceito de forma como configuração necessária,[29] que nada tem a ver com "agradável" e "desagradável", por ser justamente algo necessário e não arbitrário. Mas também entre povos civilizados nos quais não se exige expressamente a forma, tampouco se possui aquela configuração necessária, e nesse caso não são bem-sucedidos na busca pela aparência agradável, embora sejam igualmente zelosos. Como *agradável* é, aqui e ali, a aparência e nesse sentido deve agradar a todos, o homem moderno se esforça ao menos para parecer, é o que cada um sente na medida em que é, ele próprio, homem moderno. "Somente os escravos das galeras se conhecem – diz Tasso –, quanto a nós, agimos gentilmente como se *não conhecêssemos* os outros, de modo que também eles possam fazer o mesmo."[30]

Nesse mundo das formas e do desconhecimento mútuo surgem as almas envolvidas pela música – para que fim? Elas se movimentam em ritmo amplo, livre, em nobre sinceridade, em uma paixão que é suprapessoal; elas ardem com o fogo poderosamente calmo da música que brota nelas de profundidades inesgotáveis – mas tudo isso com que fim?

Através das almas a música anseia pela sua irmã de belas proporções, *a ginástica*, como sua configuração necessária no reino do visível:[31] em sua busca e em seu desejo torna-se juíza sobre

---

[29] Nietzsche faz aqui uma distinção entre forma (*Form*) e configuração (*Gestaltung*).

[30] Ver W. Goethe, *Torquato Tasso* (1789), verso 5.

[31] R. Wagner, "Über musikalische Kritik" [Sobre crítica musical], 1852: "Toda educação da juventude ateniense dividia-se por conseguinte em duas partes: *música* e *ginástica*. ... Na música o ateniense voltava-se para a *escuta*, na ginástica para o *olhar*, e somente aqueles educados tanto na música quanto na ginástica eram conside-

todo esse mundo enganador do presente, mundo da ostentação e da aparência. Esta é a segunda resposta de Wagner à pergunta sobre o significado da música em nossa época. Ajudem-me, assim grita ele aos que podem ouvi-lo, ajudem-me a descobrir a cultura que minha música pressente como a linguagem que redescobre a autêntica sensação, pensem que a alma da música quer, hoje, dar a si um corpo, que ela busca seu caminho através de vocês, busca tornar visível o movimento, a ação, as instituições e os costumes! Existem homens que compreendem esse chamado, e eles se tornam cada vez mais numerosos; compreendem também, pela primeira vez, o que significa fundar o Estado a partir da música – algo que os antigos helenos tinham não apenas compreendido, mas também exigido de si próprios: esses mesmos indivíduos compreensivos condenam o Estado atual de forma tão absoluta quanto grande parte dos homens condena hoje a Igreja. O caminho para tão novo objetivo, que, no entanto, não permaneceu em todos os tempos inaudito, supõe reconhecer em que consiste a mais vergonhosa lacuna de nossa educação e o verdadeiro motivo de sua incapacidade de sair da barbárie: falta-lhe a alma ágil e configuradora da música, dado que suas exigências e instituições são o produto de uma época na qual não havia surgido ainda essa música que hoje é objeto de nossa mais significativa confiança. Nossa educação é o

---

rados em geral pelos gregos como *realmente* formados. E para tornar-se um artista completo deveríamos nos mover da música para a ginástica, ou seja, para a arte da representação efetiva, corporal, sensível, para a arte que transforma o que foi por nós imaginado em algo efetivamente realizado." In *Gesammelte Schriften und Dichtungen*, op.cit., vol. 5, p.60.

fenômeno mais atrasado do presente e é atrasado precisamente com relação à única força educativa de fato nova, com a qual os homens modernos levam vantagem em relação aos séculos passados – ou poderiam levar vantagem, caso resolvessem deixar de viver hoje tão irrefletidamente sob o flagelo do instante! Como até agora não acolheram em si a alma da música, assim também não puderam compreender a ginástica no sentido grego e wagneriano da palavra; e este é igualmente o motivo pelo qual seus artistas plásticos foram condenados à desesperança, pelo fato de, como é o caso hoje, recusarem a música como guia de um mundo de visões novas: quaisquer que sejam os talentos que surgem nessa situação, eles chegam muito tarde ou muito cedo e, de todo modo, fora de tempo, pois mesmo o que as épocas passadas criaram de completo e de mais elevado, e que constitui o modelo dos artistas atuais, é superficial ou quase sem efeito e pouco pode contribuir nos dias de hoje para colocar uma pedra sobre outra. Se eles não vêem em suas visões interiores nenhuma forma nova diante de si, mas sempre somente as antigas atrás de si, servem à história, mas não à vida e estão mortos antes de terem nascido: mas quem sente nos dias de hoje uma vida verdadeira e fecunda – o que atualmente só pode significar música – poderia se deixar levar um único instante por esperanças promissoras advindas de qualquer uma dessas coisas que se esgotam em figuras, formas e estilos? Ele está além de todas as vaidades desse gênero; e não pensa em encontrar milagres plásticos fora de seu mundo sonoro ideal, assim como não espera ainda grandes escritores de nossa língua esgotada e empalidecida. Em vez de dar ouvidos a esses vãos consolos, ele suporta fixar seu olhar profundamente insatisfeito em nossa essência moderna: pouco importa que se encha de bílis e raiva se seu coração não é suficiente caloroso para ter compaixão! Malícia e escárnio seriam melhores do que se entregar, à maneira de nossos "amadores da arte", a um bem-estar enganoso e a um alcoolismo secreto! Mas se ele é capaz de algo mais do que negar e escarnecer, se é capaz de amar, se apiedar e cooperar, então lhe *é preciso*, primeiramente, negar, a fim de abrir caminho a sua alma disposta a ajudar. Para que a música reúna um dia muitos homens em recolhimento e os faça confidentes de suas mais altas intenções, é preciso antes de tudo dar fim ao comércio de prazeres ligado a essa tão sagrada arte; a base de nossos entretenimentos artísticos, de nossos teatros, museus e filarmônicas, que é justamente aquele "amador da arte", deve ser banida; o favor estatal a tais anseios deve ser transformado em desfavor; o juízo público, que atribui um estranho valor ao cultivo dessa sociedade dos amadores da arte, deve ser substituído por um melhor juízo. Por hora, até mesmo o *inimigo declarado da arte* deve valer como um aliado real e útil, pois se declara inimigo justamente da arte tal como é compreendida pelos "amadores da arte": e ele não conhece nenhuma outra! Pouco importa se incrimina os amadores da arte pelo desperdício insano de dinheiro, empregado na construção de seus teatros e monumentos públicos, no engajamento de seus "famosos" cantores e atores, na manutenção de suas inteiramente infecundas escolas de arte e galerias de pintura: sem contar tudo o que é jogado fora, nesses estabelecimentos, em força, tempo e dinheiro para uma educação voltada para pretensos "interesses da arte". Não se trata nem de fome nem de saciedade, mas de um pálido jogo que tem a aparência tanto de uma quanto de outra, tudo imaginado com vistas à mais fútil exibição, a fim de enganar os outros em seu julgamento; ou ainda pior: onde a arte é relativamente levada a sério, espera-se que ela produza algum tipo de fome e de desejo, consistindo sua tarefa justamente nessa excitação construída artificialmente. É como se o temor de sucumbir ao próprio desgosto e ao próprio embotamento levasse à evocação de todos os maus demônios, a fim de se deixar apanhar como uma caça pelo caçador: tem-se sede de sofrimento, de cólera, de ódio, de exaltação, de terror súbito, de tensão sem fôlego, e o artista é chamado para conjurar essa caça espiritual. A arte é, atualmente, na economia psíquica de nossos homens cultos, uma necessidade inteiramente falsa, ou infame e degradante, ou ainda um nada ou algo negativo. O bom e raro artista é como que prisioneiro de um sonho atordoante que o impede de ver tudo isso e repete hesitante, com uma voz indecisa, belas palavras fantasmagóricas que acredita ter escutado de lugares muito distantes, mas que não chega a perceber com nitidez; o artista de tipo moderno, ao contrário, nutre total desprezo pelo tatear e falar sonhador de seu mais nobre companheiro e mantém junto a si toda a matilha que ladra atrelada a paixões e impulsos atrozes, a fim de soltá-la sobre os homens modernos quando necessário: esses preferem antes ser caçados, feridos e destroçados a estar consigo próprios em silêncio. Consigo próprio! – Esse pensamento agita e abala a alma moderna, esse é o *seu* medo e o *seu* temor de fantasmas.

Quando, nas cidades populosas, vejo passarem multidões com expressão de apatia ou de pressa, sempre me digo: eles não devem estar se sentindo à vontade. Mas para eles a arte existe apenas para que se sintam ainda menos à vontade, ainda mais apáticos e desnorteados, ainda mais apressados e ávidos. Pois a *sensação inautêntica* os cavalga, os adestra incessantemente e não permite que admitam sua própria miséria; se querem falar, a convenção lhes cochicha algo ao ouvido e lhes faz esquecer o que realmente queriam dizer; se querem se entender uns com os outros, seu entendimento é paralisado como por sortilégio, de modo que chamam felicidade o que para eles é infelicidade e forjam deliberadamente alianças para seu próprio infortúnio. Assim se encontram totalmente metamorfoseados e reduzidos à condição de escravos da sensação inautêntica, escravos desprovidos de vontade.

6.

Desejo mostrar por meio de dois exemplos como a sensação em nossa época foi invertida e como a época não tem nenhuma consciência dessa inversão. Outrora se olhava de cima, com franca superioridade, os que lidavam com o comércio de dinheiro, mesmo quando se precisava deles; admitia-se que toda sociedade devia ter suas entranhas. Atualmente eles são o poder dominante na alma da humanidade moderna e seu componente mais ávido. Outrora nenhum conselho era tão importante quanto o de evitar a tendência de se levar muito a sério o dia, o momento, e se recomendava o *nil admirari*,[32] assim como a preocupação com as coisas eternas; hoje restou somente um tipo de seriedade na alma moderna, aquela reservada às notícias trazidas pelo jornal e pelo telégrafo. Servir-se do instante para dele tirar proveito, avaliá-lo tão rápido quanto possível! – poder-se-ia crer que tivesse restado ao homem moderno apenas uma virtude, a presença de espírito. Infelizmente trata-se, antes, da onipresença de uma voracidade sórdida, insaciável e de uma curiosidade que espreita por toda parte. Quanto a saber se atualmente o *espírito* está *presente* em geral – eis uma questão cujo exame queremos reservar aos juízes futuros que um dia passarão sob seu crivo o homem moderno. Mas essa época é vulgar, pois venera, como se constata nos dias de hoje, o que as épocas nobres anteriores desprezavam; se apesar disso se apropriou de toda preciosidade da sabedoria e da arte passada e desfila na mais suntuosa de todas as roupas, mostra com isso uma consciência inquietante de sua vulgaridade, que não precisa daquela vestimenta para se aquecer, mas apenas para se iludir sobre si própria. A necessidade de se dissimular e ocultar lhe parece mais urgente que a de não congelar. Assim os eruditos e filósofos atuais não utilizam a sabedoria da Índia e da Grécia para sua própria sabedoria e serenidade: seu trabalho deve servir meramente para produzir no presente uma ilusória fama de sabedoria. Os pesquisadores de zoologia esforçam-se para apresentar como leis naturais invariáveis as irrupções de

[32] "Nada admirar". Cf. Horácio, *Epístolas* I, 6.

violência, astúcia e vingança entre os animais que se manifestam na relação atual dos Estados e dos homens entre si. Os historiadores dedicam seu inquieto zelo a comprovar o princípio de que cada época tem seu próprio direito, suas próprias condições – a fim de preparar o argumento básico de defesa para o processo de justiça que o futuro reserva ao nosso tempo. As doutrinas do Estado, do povo, da economia, do comércio, do direito – todas têm agora aquele caráter *preparatório apologético*; parece que o que resta de espírito ativo, e que não é consumido pela engrenagem do grande mecanismo de lucro e de poder, tem como única tarefa a defesa e justificativa do presente.

Diante de qual acusador?, perguntamos, espantados, Diante de sua própria má consciência.

E aqui aparece de novo claramente a tarefa da arte moderna: embotamento ou embriaguez! Adormecimento ou atordoamento! Levar a consciência, de um modo ou de outro, à inconsciência! Ajudar a alma moderna a se livrar de seu sentimento de culpa, e não a reencontrar sua inocência! E isso ao menos por instantes! Defender o homem diante de si próprio, obrigando-o a se calar em si mesmo, a não-poder-ouvir! Os poucos que um dia realmente passaram por essa tarefa vergonhosa, essa terrível desonra da arte, terão a alma cheia até a borda de lamento e compaixão: mas também de uma nova e poderosa nostalgia. Quem queria libertar a arte, reestabelecer sua santidade inviolada, deveria antes ter-se libertado da alma moderna; somente como homem inocente poderia encontrar a inocência da arte, devendo se submeter a duas prodigiosas purificações e consagrações. Se fosse vitorioso, se falasse aos homens a partir de uma alma liberada, com sua arte liberada, teria em seguida que enfrentar o maior perigo, a mais terrível das lutas; os homens o teriam despedaçado com sua arte em vez de admitir que morrem de vergonha diante deles. É possível que a redenção da arte, a única que pode trazer a esperança de um raio de luz na época atual, permaneça um acontecimento para umas poucas almas solitárias, ao passo que muitos suportariam ainda ver sua arte no fogo trêmulo e fumegante: pois *querem* não a luz, mas a cegueira, *odeiam* a luz – sobre si próprios.

Assim, afastam o que traz uma luz nova; mas ele os segue, levado pelo amor do qual nasceu, e quer forçá-los. "Vocês *devem* passar por meus mistérios, grita ele, vocês precisam de sua purificação e de suas emoções. Ousem, para sua saúde, e abandonem esse pedaço de natureza e de vida turvamente iluminado que são os únicos que vocês parecem conhecer; eu os conduzo para um reino que é inteiramente real, vocês mesmos devem dizer, quando retornarem de minha caverna para seu dia, que vida é a mais real, onde propriamente é o dia e onde a caverna.[33] A natureza é, em suas profundezas, tão mais rica, poderosa, feliz, terrível, vocês não podem conhecê-la da maneira como habitualmente vivem: aprendam a se tornar de novo natureza e se deixem então se metamorfosear com ela e nela pela magia de meu amor e de meu fogo."[34]

---

[33] Alusão à "Alegoria da Caverna" de Platão, in *República*, Livro 7, 514a-518b.

[34] Alusão aos inúmeros motivos de amor e de fogo na obra de Wagner, especialmente à *Valquíria*, à cena em que Brünnhilde é confinada e adormecida no topo de uma

É a voz da *arte de Wagner* que assim fala aos homens. Que nós, crianças de uma época deplorável, sejamos os primeiros a escutar o som de sua voz mostra quanto essa época é digna de compaixão e mostra, em geral, que a verdadeira música é um fragmento de destino e de lei originária; pois não é de forma alguma possível atribuir o seu soar, nesse momento preciso de nossa época, a um acaso vazio e sem sentido; um Wagner do acaso seria esmagado pela extrema violência do segundo elemento no qual foi lançado. Mas sobre o devir do verdadeiro Wagner reina uma necessidade transfiguradora e justificadora. Sua arte, considerada do ponto de vista de sua gênese, é o mais primoroso espetáculo, por mais doloroso que tenha sido este devir, pois por toda parte se manifestam razão, lei, fins. O observador, arrebatado pela alegria de tal espetáculo, celebra esse mesmo devir doloroso e aprecia, com alegria, como tudo contribui para a salvação e proveito da natureza e do talento predestinado, por mais dura que tenha sido a escola pela qual passaram. Ele aprecia como a natureza se torna mais corajosa a cada perigo, mais reflexiva a cada vitória e como se torna mais saudável e mais forte se alimentando de veneno e de infortúnio. O escárnio e a adversidade do mundo que a rodeia convertem-se em estímulo e incentivo; se ela se perde, regressa de sua errância e perdição com a mais maravilhosa presa;

---

montanha cercada por um cortina de fogo capaz de deter todos os homens, exceto o herói Siegfried. Cf., no anexo à presente edição, a sinopse de *A Valquíria*, Ato III, Cena 3.

se dorme é para "deixar surgirem novas forças".[35] Ela própria fortalece seu corpo e o torna mais robusto; quanto mais vive menos esgota a vida; domina o homem como uma paixão alada e o faz voar quando seus pés se cansam na areia ou se machucam nas pedras. Não pode deixar de anunciar que todo homem deve colaborar com sua obra, pois não é avara com seus dons. Se é rejeitada, presenteia com riqueza ainda maior; se é desconsiderada por aquele a quem presenteou, acrescenta ainda a sua mais valiosa jóia – e os que recebem jamais foram inteiramente dignos de seus dons, como nos mostra a mais antiga e a mais recente experiência. É por isso que a natureza predestinada, através da qual a música fala ao mundo da aparência, é o que existe de mais enigmático sob o sol, um abismo no qual repousam unidos força e bondade, uma ponte entre o si mesmo e o não-si mesmo. Quem poderia definir com precisão o fim para o qual ela existe, supondo que seja possível adivinhar na forma como ela foi gestada um processo com vistas a um fim? No entanto, um pressentimento bem-aventurado permite perguntar: o que é grande não existe na verdade em razão do que é menor, o maior dom em razão do menor, a maior virtude e santidade em razão da mais débil? Deveria a verdadeira música se fazer ouvir *menos porque os homens a merecem e mais porque necessitam dela*? Mergulhemos um momento no prodigioso

---

[35] Cf. R. Wagner, *Os mestres cantores de Nuremberg*, Ato III, Cena 1. Trata-se da cena na qual Hans Sachs medita sobre a insensatez humana: "Ilusão, ilusão! Por toda parte, ilusão! ... Quem pode dar a isto um nome? É sem dúvida a velha ilusão, sem a qual nada acontece, existe ou avança! Está sempre em movimento e só descansa para recuperar as forças." Trad. Manoel Rosa. Lisboa, Editorial Notícias, s.d, p.171.

milagre dessa possibilidade: quando se olha a partir dessa perspectiva para a vida, vê-se que ela se ilumina, mesmo se antes parecesse tão turva e cheia de névoa.

7.

Não pode ser de outra forma: o observador diante do qual se encontra uma natureza tal como a de Wagner deve involuntariamente de tempos em tempos ser confrontado consigo próprio, com sua pequenez, com sua fragilidade, e indagar: o que ela significa para ti? E tu, para que estás aí? Provavelmente não encontra a resposta, permanecendo silencioso, estranho e tocado diante de seu próprio ser. Talvez seja suficiente para ele ter tido essa vivência; talvez ele possa, *sentindo-se estranho em relação a si próprio*, escutar a resposta àquela questão. Pois justamente com esse sentimento ele participa da mais forte manifestação vital de Wagner, do ponto central de sua força, da demoníaca *capacidade de transposição* e do despojamento de si que constitui sua natureza, capaz de se comunicar com o outro do mesmo modo que comunica a si próprio outros modos de ser e encontra sua grandeza na entrega e na aceitação. Ao sucumbir aparentemente à natureza transbordante e expansiva de Wagner, o observador participa dessa força e se torna de algum modo poderoso *através dele e contra ele*; e cada um que se examinou atentamente sabe que pertence à própria contemplação um misterioso antagonismo, o dos olhares que se contrapõem. Se sua arte nos permite vivenciar tudo o que uma alma experimenta ao longo de suas caminhadas, compartilhando outras almas e seus destinos, aprendendo a olhar o mundo com muitos olhos, em virtude desse estranhamento e dessa distância nos tornamos também capazes, depois de ter vivido o que ele é, de vê-lo no que ele é. Experimentamos esse sentimento com a maior certeza: em Wagner todo visível do mundo quer se aprofundar e se interiorizar no que é audível e procurar sua alma perdida; em Wagner todo audível do mundo quer, igualmente, emergir como aparência para os olhos e se expor à luz, quer de algum modo tornar-se corpóreo.[36] Sua arte o conduz sempre por esse duplo caminho, que vai de um mundo da audição a um mundo enigmaticamente aparentado ao drama visual e inversamente: ele é continuamente levado – e o observador com ele – a retraduzir em termos de alma e de vida elementar a movimentação do visível e a considerar, por outro lado, como fenômeno a mais oculta teia da interioridade e a revesti-la de uma aparência corpórea. Isso tudo constitui a essência do *dramaturgo ditirâmbico*, considerando esse conceito em sua plena acepção, que abarca a um só tempo o ator, o poeta e o músico: esse conceito, como tal, provém necessariamente da única manifestação completa do dramaturgo ditirâmbico antes de Wagner, Ésquilo e seus companheiros gregos. Houve a tentativa de derivar as trajetórias mais esplêndidas de entraves ou lacunas internos, considerando-se, por exemplo, a

---

36 R. Wagner, "Das Kunstwerk der Zukunft" [A obra de arte do futuro], 1849: "Somente onde o olhar e o ouvido asseguram reciprocamente sua manifestação existe o homem artístico completo." In *Gesammelte Schriften und Dichtungen*, op.cit., vol. 3, p.95.

poesia de Goethe como uma espécie de expediente para uma malograda profissão de pintor,[37] os dramas de Schiller como uma espécie de transposição da eloqüência popular.[38] O próprio Wagner procurou explicar o fomento da música pelos alemães supondo, entre outras razões, por carecerem do impulso sedutor de um talento vocal naturalmente melodioso, terem sido levados a conceber a arte musical quase com a mesma seriedade e profundidade que os reformadores cristãos.[39] Quando se quis, de modo semelhante, relacionar a trajetória wagneriana com tal entrave interno, então caberia supor que ele possuía um talento fundamental de ator que se recusou a se satisfazer com o primeiro caminho que surgiu, o mais trivial, e encontrou seu expediente e sua salvação evocando todas as artes com vistas a uma grande revelação teatral. Mas poderíamos igualmente dizer que essa natureza de músico de um poder fora do comum, em seu desespero de ter de se dirigir a semimúsicos ou não-músicos, forçou o acesso às demais artes a fim de poder se comunicar com uma clareza centena de vezes multiplicada e ganhar para si compreensão, a compreensão de todo um povo. Não importa como se queira representar a evolução do dramaturgo nato, em sua maturidade e acabamento ele é uma formação sem entrave

---

[37] Nietzsche refere-se ao comentário de Goethe a respeito de sua indecisão entre a pintura e a poesia em sua autobiografia *Dichtung und Wahrheit*, Parte III, Livro 13. Cf. W. Goethe, *Memórias: poesia e verdade*. Trad. Leonel Vallandro. Brasília, UNB/Hucitec, 1986.

[38] Alusão à retórica dos primeiros dramas de Schiller, especialmente *Die Räuber* [Os bandoleiros], de 1782, e *Kabale und Liebe* [Cabala e amor], de 1784.

[39] Cf. R. Wagner, "Brief an einen italienischen Freund" [Carta a um amigo italiano], de 1871. In *Gesammelte Schriften und Dichtungen*, op.cit., vol. 9, p.290.

ou lacuna: o artista verdadeiramente livre, que não pode pensar senão em todos os domínios da arte ao mesmo tempo, o mediador e o conciliador de esferas aparentemente separadas, o restaurador da unidade e da totalidade do poder artístico que não podem ser adivinhadas ou deduzidas, mas somente mostradas através da ação. Mas aquele que se encontrar de repente diante de uma tal ação será tomado pela mais inquietante e sedutora magia: ele se vê diante de um poder que suprime a resistência de sua razão, todo meio no qual viveu lhe parece sem sentido e inconcebível: lançados para fora de nós, nadando em um misterioso elemento vivo e ardente, não nos entendemos mais, não mais reconhecemos as coisas mais conhecidas, não dispomos mais de medida alguma; toda lei, tudo o que é fixo começa a se movimentar, cada coisa se ilumina de novas cores e nos fala em signos novos – em meio a essa mistura de delícia e temor, é preciso ser um Platão para tomar uma decisão, como ele fez, e dizer ao dramaturgo: "Se viesse a nossa República um homem que em virtude de sua sabedoria pudesse se tornar tudo o que quisesse e imitar todas as coisas, nós o celebraríamos como um ser sagrado e maravilhoso, jogaríamos bálsamo sobre sua cabeça e o coroaríamos com grinaldas, mas o convenceríamos de partir para outra República."[40] É possível que alguém que viva na República platônica possa e deva obter essa vitória sobre si mesmo: mas nós que não vivemos nessa República, mas em uma outra muito diferente, ansiamos e reivindicamos a vinda do mago, apesar de

---

[40] Platão, *República*, III, 398a.

temê-lo – e isso justamente para que nossa República e a má razão, o mau poder que ela encarna, sejam abertamente negadas. Um estado da humanidade, de sua comunidade, de seus costumes, de sua organização de vida e do conjunto de suas instituições, que possa prescindir do artista imitador talvez não seja inteiramente impossível, mas este "talvez" figura, de qualquer modo, entre os atos mais temerários e cercado de dificuldades. Falar desse assunto deveria ser permitido unicamente a alguém que pudesse engendrar e sentir, por antecipação, o momento supremo de tudo o que está por vir e, então, imediatamente, como Fausto, devesse e estivesse no direito de ficar cego[41] – pois *nós* não temos em relação a essa cegueira nenhum direito, enquanto Platão, por exemplo, tinha o direito de estar cego diante de toda realidade helênica depois do olhar único que lançou sobre o ideal helênico. Nós, pelo contrário, precisamos da arte justamente porque nos tornamos, *diante do real*, aqueles que podem ver: e precisamos do dramaturgo universal para que ele nos liberte, ao menos por algumas horas, da terrível tensão que o homem capaz de ver sente entre si próprio e as tarefas que lhe foram impostas. Com ele alcançamos o grau supremo da sensação e somente nessa atmosfera nos sentimos de novo na livre natureza e no reino da liberdade; aí vemos, como em prodigiosos reflexos etéreos de luz, a nós e a nossos semelhantes em luta, vencendo e sucumbindo, como algo sublime e carregado

[41] Cf. W. Goethe, *Fausto* II, op.cit., verso 11.495, p.433. Nietzsche refere-se à passagem na qual a Apreensão anuncia a cegueira de Fausto: "A vida inteira os homens cegos são, tu, Fausto, fica-o, pois, no fim!"

de significação, sentimos prazer no ritmo da paixão e no sacrifício da paixão, escutamos a cada passo forte do herói o eco estúpido da morte e compreendemos em sua proximidade o supremo atrativo da vida – assim, transformados em homens trágicos, regressamos à vida com uma disposição de alma estranhamente sossegada, com o sentimento novo da segurança, como se nós, em meio aos maiores perigos, tumultos e êxtases, tivéssemos reencontrado o caminho do que é limitado e familiar: aí podemos nos mostrar com uma boa vontade soberana e, em todo caso, mais nobre do que antes; pois tudo o que aparece aqui como sério e necessário, como caminhada rumo a um fim, se for comparado ao caminho que nós próprios percorremos, mesmo que em sonho, se assemelha apenas a fragmentos estranhamente isolados do todo de uma vivência do qual nos tornamos conscientes não sem terror; corremos perigo e somos tentados a levar a vida superficialmente porque a apreendemos, na arte, com demasiada seriedade, para lembrar uma palavra de Wagner sobre o destino de sua vida.[42] Pois se até mesmo para nós que experimentamos, e não criamos, tal arte do drama ditirâmbico o mundo do sonho deve valer quase como mais verdadeiro que o mundo desperto, real, como poderia o criador não apre-

[42] R. Wagner, "Über Staat und Religion" [Sobre Estado e religião], 1864: "Schiller diz: 'Séria é a vida, alegre a arte.' Mas talvez se possa dizer de mim que já levei a arte demasiado a sério ... enquanto eu concebia a arte tão a sério, levava a vida leve demais; e como isso teve conseqüências negativas em meu destino pessoal, também minhas opiniões a esse respeito logo receberam uma outra disposição. A rigor, dado que eu havia invertido a frase schilleriana, exigi colocar minha arte séria em uma vida alegre, para o que a vida grega, tal como se apresenta à nossa visão, me serviu de modelo." In *Gesammelte Schriften und Dichtungen*, op.cit., vol. 8, p.3s.

ciar esse contraste?! Lá está ele em meio a todos os apelos barulhentos, a todos os transtornos do dia, das necessidades da vida, da sociedade, do Estado – de que modo? Talvez como se fosse o único desperto, o único que mantém o sentido da verdade e da realidade em meio a homens adormecidos, confusos e atormentados, em meio a indivíduos mergulhados em ilusões, indivíduos que sofrem; por vezes ele próprio se sente invadido por uma perpétua insônia, como se devesse agora passar sua vida, tão clara e consciente, apesar das noites em claro, com sonâmbulos e seres fantasmagóricos que agem seriamente: de modo que tudo o que justamente parece cotidiano aos outros lhe parece inquietante e ele se sente tentado a acolher as impressões dessa aparição com uma atrevida insolência. Mas essa sensação é cruzada[43] de modo singular quando um impulso bastante distinto vem se juntar à luminosidade de sua vibrante insolência, a saber, a nostalgia das altitudes, do que é profundo,[44] a inclinação amorosa pela terra, pela alegria da comunidade – pois quando pensa em tudo aquilo que deve prescindir enquanto criador solitário, é como se subitamente devesse, como um deus que desce à terra, "elevar aos ceús em seus braços de fogo"[45] tudo o que é fraco,

---

[43] Nietzsche emprega aqui a expressão "gekreuzt", ligada ao verbo "kreuzen", que, como em português, significa tanto cruzar, atravessar, quanto acasalar. O mesmo duplo sentido aparecerá a seguir no substantivo "Kreuzung", "cruzamento", designando ao mesmo tempo o atravessamento e a união de diferentes sensações.

[44] R. Wagner, "Comunicação a meus amigos": "Justamente essa bem-aventurada solidão desperta em mim … uma poderosa nostagia, nova e indizível, a nostalgia das altitudes pelo que é profundo." In *Gesammelte Schriften und Dichtungen*, op.cit., vol. 4, p.295.

[45] W. Goethe, *Der Gott und die Bajadere*, versos 98s.

humano, perdido para encontrar, enfim, não adoração mas amor, e se despojar inteiramente de si no amor! Mas precisamente esse cruzamento aqui suposto é o milagre na alma do dramaturgo ditirâmbico: e se sua essência pudesse ser captada também em um conceito seria justamente esse. Pois esses são os momentos procriadores de sua arte, quando está mergulhado nesse cruzamento das sensações e o estranhamento e espanto em relação ao mundo, ao mesmo tempo inquietante e insolente, se une com o impulso nostálgico de se aproximar desse mundo como amante. Quaisquer que sejam os olhares lançados sobre a terra e a vida, são sempre raios de sol que "aspiram a água", concentram as nuvens, condensam em torno os vapores da tempestade. Seu olhar se coloca, ao mesmo tempo, como *lúcido e refletido* e *amoroso e desinteressado*: e tudo o que ele ilumina com esse duplo poder luminoso de seu olhar impulsiona a natureza, com espantosa velocidade, a descarregar todas as suas forças, a revelar seus mais recônditos segredos: justamente por *pudor*. É mais do que uma imagem dizer que ele, com esse olhar, surpreendeu a natureza, a viu nua: assim ela quer agora, pudicamente, se refugiar em suas contradições. O que era até então invisível, interior salva-se na esfera do visível e torna-se fenômeno; o que até então era apenas visível desaparece no obscuro mar dos sons: *assim a natureza, ao querer ocultar-se, desvela a essência de suas contradições*. Em uma dança de ritmo impetuoso, mas leve, em gestos extáticos, o dramaturgo nato fala do que se passa nele e na natureza: o ditirambo de seus movimentos é tanto compreensão palpitante, descoberta petulante, quanto proximidade amorosa, prazeroso despojamento de si. A palavra segue embriagada os passos desse ritmo; unida à palavra ressoa a melodia, e esta, por sua vez, lança suas centelhas no domínio das imagens e dos conceitos. Uma aparição de sonho, semelhante e dessemelhante à imagem da natureza e de seu pretendente, se aproxima em suspenso, se condensa em formas mais humanas, se expande no desenvolvimento de todo um querer heróico e orgulhoso, de um delicioso declínio e de um não mais querer – assim nasce a tragédia, assim a vida recebe sua mais preciosa sabedoria, a do pensamento trágico, assim surge enfim o maior encantador e o maior benfeitor entre os mortais: o dramaturgo ditirâmbico.

8.

A verdadeira vida de Wagner, na qual se revela pouco a pouco o dramaturgo ditirâmbico, foi também uma incessante luta consigo próprio, visto que ele não era apenas esse dramaturgo ditirâmbico: a luta com esse mundo contraditório foi para ele feroz e sinistra porque ele escutava esse "mundo", esse sedutor inimigo, falar de dentro de si mesmo e porque abrigava em si um poderoso demônio de contradição. Quando surgiu nele o *pensamento dominante* de sua vida, o de que o teatro poderia exercer um incomparável efeito, o maior efeito de todas as artes, seu ser foi lançado no mais violento estado de efervescência. Com isso não se produziu de imediato uma decisão clara e lúcida com relação a seus desejos e a seus atos futuros; a princípio, esse pensamento surgiu quase na forma de uma tentação, como expressão daquela sombria vontade pessoal de *poder e glória*, ávida e insaciável. Um efeito, um incomparável efeito – por que meios? sobre quem? –, tais foram, desde o início, a pergunta e a busca que ocuparam sem descanso sua cabeça e seu coração. Ele queria triunfar e conquistar como nenhum artista jamais havia feito e, se possível, alcançar de uma só vez aquele poder tirânico para o qual o impelia um obscuro impulso. Com um olhar ciumento e inquisidor avaliou tudo o que tinha sucesso, mas acima de tudo observou aqueles sobre os quais se deveria produzir um efeito. Através do olhar enfeitiçador do dramaturgo, capaz de ler as almas como se fossem escritos familiares, sondava o espectador e o ouvinte, e como, muitas vezes, tal compreensão não deixava de inquietá-lo, apoderava-se rapidamente dos meios de dominá-la. Esses meios estavam em suas mãos; tudo o que sobre ele produzia um forte efeito, ele tinha também a vontade e o poder de realizar; de seus modelos compreendia tão-somente, a cada etapa, o que ele próprio podia modelar, jamais teve dúvidas de seu poder de realizar também o que lhe agradava. Talvez nisso fosse uma natureza ainda mais "presunçosa" que a de Goethe, que disse de si: "Sempre pensei a respeito de qualquer coisa que já a possuía; se alguém colocasse uma coroa em minha cabeça, teria encarado como uma coisa natural".[46] O poder de Wagner e

[46] Cf. W. Goethe. *Aus meinem Leben. Fragmentarisches. Spätere Zeit* [Fragmentos de minha vida. Época tardia], Jubiläums-Ausgabe, vol. 25, p.221: "Jamais conheci homem tão presunçoso quanto eu mesmo, e o simples fato de dizê-lo mostra que digo a verdade."

seu "gosto", assim como sua intenção – tudo isso estava perfeitamente adaptado como uma chave em uma fechadura –, acabam tornando-se, um entrelaçado ao outro, grandes e livres, embora antes não fosse assim. Que lhe importava a frágil sensação, mais nobre e, no entanto, egoísta e solitária, que podia experimentar, afastado da multidão, este ou aquele amador da arte cultivado literária e esteticamente?! Mas aquela violenta tempestade da alma que surgia da multidão em certos momentos de intensificação do canto dramático, aquela repentina embriaguez que contagiava o ânimo, inteiramente sincera e desinteressada – tal era o reflexo de sua própria experiência e sensibilidade, nela era atravessado pela esperança ardente de uma potência e um efeito máximos! Assim ele compreendia a *grande ópera*[47] como um meio de expressar seu pensamento dominante; seus desejos eram impulsionados por ela, seu olhar se dirigia a essa pátria.[48] Um prolongado período de sua vida, com ousadas mudanças de planos, estudos, estadias e relações, se explica unicamente por esse desejo e pelas resistências externas que o artista alemão,

---

[47] A grande ópera parisiense era o gênero musical dominante na década de 1830. Nesse período, predominou uma forma operística integralmente cantada, tal como no *Guillaume Tell* de Rossini e em obras de Meyerbeer, composta em geral de quatro ou cinco atos e tratando de grandes temas históricos.

[48] O impacto da *grand opéra* sobre Wagner pode ser percebido sobretudo em sua *Rienzi, o último dos tribunos* (1840), ópera em cinco atos, inspirada no romance de Edward Bulwer-Lytton com o mesmo título. Os primeiros atos foram compostos segundo o estilo da ópera italiana e da *grand opéra* francesa, mas os últimos evidenciam um estilo novo, que iria florescer em seus dramas musicais posteriores. Rienzi é um personagem histórico que perde sua vida na luta contra a aristocracia e pela renovação republicana de Roma e da Itália no século XIV. Wagner irá se distanciar, mais tarde, dessa forma de ópera, desenvolvendo uma reflexão crítica sobre os "efeitos" por ela produzidos (ver nota 51 da presente edição).

indigente, inquieto e ingenuamente apaixonado, tinha de encontrar. Mas um outro artista sabia melhor como se tornar mestre nesse domínio; e agora que, pouco a pouco, se tornou conhecida a rede de influências de todos os tipos, artificialmente tecida, a partir da qual Meyerbeer[49] soube preparar e alcançar cada uma de suas grandes vitórias, e quão meticulosamente as seqüências de "efeitos" foram calculadas na própria ópera, compreende-se também a amargura e humilhação sentidas por Wagner quando lhe abriram os olhos em relação a esses "meios artísticos" quase indispensáveis para obter sucesso junto ao público. Duvido que tenha havido na história um grande artista que tenha começado com tão grande erro e que tenha se dedicado à mais revoltante forma de arte de modo tão despreocupado e sincero: e, no entanto, o modo como a realizou tinha grandeza, sendo por isso de surpreendente fecundidade. Pois ele compreendeu, a partir do desespero que sentiu ao reconhecer o seu erro, o sucesso moderno, o público moderno e toda a natureza mentirosa da arte moderna. Ao se tornar crítico do "efeito"[50], vibrava diante do pressentimento de sua própria purificação. Era como se a

---

49 Giacomo Meyerbeer (1791-1864). Compositor alemão, oriundo de uma família rica de comerciantes judeus em Berlim, que após uma viagem de estudos à Itália escreve óperas de grande sucesso, entre elas *Il crociato in Egitto* (1824), destacando-se por muito tempo como um dos principais representantes da *grand opéra* francesa.

50 Em *Ópera e drama*, Wagner afirmou que o caráter superficial e calculado do efeito é o princípio dominante da *grand opéra* francesa. O efeito da ópera de Meyerbeer é definido como "efeito sem causa", como se a exibição vocal, o espetáculo cênico, o coro e o balé fossem motivados apenas pelo objetivo de criar impressionantes efeitos musicais e visuais, não sendo portanto o resultado da autêntica tensão poética e dramática. Cf. a esse respeito B. Millington (org.), *Wagner, um compêndio*. Rio de Janeiro, Jorge Zahar, 1995, p.257.

partir de agora o espírito da música falasse a ele com uma magia de alma inteiramente nova. Como se retornasse à luz após uma longa doença e tivesse dificuldade de confiar em suas mãos e em seus olhos, tateando em seu caminho; e então sentiu, como uma maravilhosa descoberta, que ainda era músico, que ainda era artista e chegara a sê-lo somente agora.

Toda etapa posterior da trajetória de Wagner foi caracterizada pela união, cada vez mais estreita, entre as duas forças fundamentais de seu ser: diminui a reserva de uma diante da outra, o eu superior já não agracia com seus serviços seu irmão violento e mais terreno, ele o *ama* e deve servi-lo. No termo desse desenvolvimento, o mais delicado e o mais puro passam a ser acolhidos pelo mais poderoso, o impulso impetuoso segue seu curso como antes, mas a partir de caminhos diferentes, nos quais o eu superior está em casa; este, por sua vez, desce à terra e reconhece sua imagem em tudo o que é terreno. Se fosse possível falar, sem sair da esfera do inteligível, de uma espécie de fim último e desfecho daquela evolução, deveríamos também poder encontrar a metáfora que designaria a longa etapa intermediária de tal evolução; mas tenho dúvidas quanto à primeira possibilidade e por isso não tentarei também a segunda. Essa etapa intermediária é delimitada historicamente através de duas palavras que expressam o que a antecede e o que a ela se segue: Wagner torna-se *o revolucionário da sociedade*, Wagner reconhece o único artista existente, *o povo que cria poeticamente*. A um e a outro o conduziu o pensamento dominante, que após aquele grande desespero e expiação aparece diante dele em nova forma e mais poderoso que nunca. Efeito, incomparável efeito do teatro! – mas sobre quem? Ele estremecia ao lembrar sobre quem pretendera, até então, agir. A partir de sua experiência, ele compreendeu a situação vergonhosa na qual se encontram a arte e o artista: em uma sociedade sem alma ou com uma alma endurecida, que se considera boa, mas que é propriamente má, arte e artista contam como séquito de escravos para satisfação de *necessidades aparentes*. A arte moderna é luxo: eis o que ele compreendeu, e também que os direitos de sua existência e de sua queda são os de uma sociedade de luxo.[51] Assim como essa sociedade soube, através do uso mais cruel e mais hábil de seu poder, tornar o mais despossuído, o povo, sempre mais dócil, humilde e estranho a si próprio,[52] e soube criar, a partir dele, o moderno "trabalhador", ela também soube subtrair do povo o mais grandioso e o mais puro, o que este produz a partir de uma necessidade profunda e que comunica, como verdadeiro e único artista, generosamente de sua alma – seu mito, seu canto, sua dança, suas criações de linguagem –, para destilar de tudo isso um remédio voluptuoso contra o esgotamento e o tédio de sua existência: a arte moderna. Como essa sociedade nasceu, como ela soube absorver novas forças de esferas de poder aparente-

---

[51] Cf. R. Wagner, "A obra de arte do futuro": "Mas a satisfação da necessidade fictícia é luxo ... ele é a alma dessa indústria que assassina os homens, a fim de utilizá-los como máquina ... ele é a alma, a condição de nossa *arte*!" In *Gesammelte Schriften und Dichtungen*, op.cit., vol. 4, p.48.

[52] Nietzsche usa o termo "unvolkstümlich". Esse termo, que significa literalmente "impopular", ganha nesse contexto o sentido de algo alienado de si próprio, que se tornou estranho.

mente opostas, como, por exemplo, o cristianismo, arruinando-se em deficiências e hipocrisia, se deixou utilizar como sustentáculo contra o povo e como consolidação dessa sociedade e de suas posses, enquanto a ciência e os eruditos se prestaram muito docilmente a essa servidão – tudo isso Wagner perseguiu através dos tempos para, no fim de suas considerações, ser tomado de desgosto e de raiva: ele se tornou revolucionário por compaixão pelo povo. A partir de então passou a amar seu povo e queria estar mais próximo dele, assim como queria estar mais próximo de sua arte! Somente nele, somente nesse povo que desaparecia, que não se deixava mais adivinhar, nesse povo artificialmente deixado de lado, ele via agora o único espectador, o único ouvinte digno e à altura do poder de sua obra de arte tal como ele a sonhou. Assim sua reflexão se concentrou em torno da questão: como nasce o povo? E como ele renasce?

Ele encontrava sempre a mesma resposta – se uma coletividade sofresse a mesma necessidade que ele sofre, esta coletividade seria o povo, dizia ele.[53]

E se a mesma necessidade conduz ao mesmo impulso e desejo, seria necessário procurar o mesmo tipo de satisfação, encontrar a mesma felicidade nessa satisfação. Quando procurava em torno de si o que mais profundamente o consolara e o animara em meio a sua necessidade, o que mais sensivelmente vinha ao encontro da sua necessidade, percebia com uma alegre certeza que só poderia ser o mito e a música, o mito, que ele

[53] R. Wagner, "A obra de arte do futuro", in *Gesammelte Schriften und Dichtungen*, op.cit., vol. 4, p.47s.

conhecera como linguagem e fruto da necessidade do povo, e a música, esta semelhante ao mito, embora de origem ainda mais misteriosa. Nesses dois elementos banhava e curava sua alma, deles precisava ardentemente: – a partir daí pôde perceber a afinidade de sua necessidade com a que experimentou o povo em sua formação e como será preciso que o povo renasça quando *muitos Wagner* existirem. Mas como viviam o mito e a música em nossa sociedade moderna na medida em que não foram por ela destruídos? Uma sorte semelhante lhes foi reservada como expressão de seu misterioso vínculo: o mito foi profundamente rebaixado e desfigurado, degenerado em "conto", relegado ao domínio lúdico que dá alegria às crianças e mulheres de um povo em decadência, completamente despojado de sua maravilhosa natureza viril, grave e sagrada; a música foi conservada entre os pobres e simples, entre os solitários; ao músico alemão não foi possível se integrar com êxito ao empreendimento de luxo das artes, convertendo-se ele próprio em um conto monstruoso, hermético, repleto dos sons e signos mais comoventes, um questionador desajeitado, inteiramente enfeitiçado e necessitando de libertação. O artista escutou claramente a ordem que foi dirigida apenas a ele: trazer o mito de volta ao mundo viril e desencantar a música, fazê-la falar: ele sentiu que a força que tinha para o *drama* foi, de repente, desencadeada e que estava instituído seu domínio sobre um reino intermediário, ainda por descobrir, entre o mito e a música. Sua nova obra de arte, na qual reuniu tudo o que conhecia de mais poderoso, eficaz e benéfico, ele apresentou aos homens juntamente com sua grande *questão*, dolorosamente incisiva: "Onde estão vocês que sofrem de modo semelhante e que têm a mesma necessidade que eu? Onde está a comunidade na qual desejo encontrar um povo? Irei reconhecê-los como os que têm em comum comigo a mesma felicidade e o mesmo consolo: em sua alegria se revelará a mim o seu sofrimento!" Tais foram as questões colocadas a partir de *Tannhäuser* e *Lohengrin* em busca de seus semelhantes; o solitário ansiava pela comunidade.

Mas como deveria estar se sentindo? Ninguém respondeu ao chamado, ninguém havia compreendido a questão. Não que se tivesse guardado silêncio. Ao contrário, respondeu-se a milhares de questões, mas a questões que ele não havia de forma alguma colocado; gorjeava-se sobre as novas obras de arte como se tivessem sido criadas para serem desfeitas por esse amontoado de palavras. Toda essa mania estética de escrever e tagarelar irrompeu entre os alemães como uma febre, avaliava-se e remexia-se nas obras de arte, na pessoa do artista com aquela falta de pudor típica não apenas dos eruditos, mas também dos jornalistas alemães. Wagner tentou tornar suas questões compreensíveis através da publicação de seus escritos: nova confusão, novo alvoroço – um músico que escreve e pensa era, naquela época, um disparate; bradava-se que ele era um teórico que pretendia, através de conceitos sofisticados, transformar a arte. Que o apedrejem! – Wagner estava atordoado; sua questão não havia sido compreendida, sua necessidade não havia sido sentida, sua obra de arte parecia uma comunicação com surdos e cegos, e seu povo, uma quimera; Wagner vacilava e hesitava.

A possibilidade de uma total transformação de todas as coisas surgiu diante de seus olhos, e ele não mais se assustou com ela: talvez haja, para além da reviravolta e da desolação, uma nova esperança, mas talvez não – e, em todo caso, o nada é melhor que esta situação terrível. Logo ele se tornou um refugiado político, e na miséria.[54]

E somente agora, com essa terrível mudança das circunstâncias externas e internas de seu destino, começa na vida do grande homem o período no qual o resplendor do supremo talento se assemelha ao brilho do ouro líquido! O gênio do drama ditirâmbico retira seu último véu! Está sozinho, a época lhe parece fútil, não espera mais nada: assim mergulha mais uma vez seu olhar cósmico nas profundezas, alcançando dessa vez o fundo: lá ele vê o sofrimento na essência das coisas e, a partir de então, tornando-se mais impessoal, toma para si com mais serenidade sua parte de sofrimento. O desejo pelo poder supremo, herdado de seus estados anteriores, se converte inteiramente em criação artística; através de sua arte ele fala apenas consigo próprio, não mais com um público ou com um povo, e luta para dar a ela a maior clareza e adaptá-la a esse supremo diálogo.

---

[54] Nietzsche refere-se ao envolvimento de Wagner na revolução de 1849 em Dresden, no período em que era mestre-de-capela real. Em 1848, Wagner finalizara um detalhado projeto de reforma da Orquestra da Corte Real, assim como da organização de um Teatro Nacional na Saxônia, mas seus planos eram seguidamente rejeitados. Quanto mais suas tentativas de transformar a arte e as instituições de sua época fracassam, mais ele se envolve com os movimentos políticos. No início de 1849, estoura uma revolução popular; Wagner publica artigos no jornal *Volksblätter* e distribui cartazes exortando à participação no levante. Em maio é expedido um mandado de prisão e Wagner consegue fugir para a Suíça com a ajuda de Franz Liszt. Permanece banido da Alemanha ao longo dos 11 anos seguintes.

Nas obras de arte do período anterior era diferente: havia a preocupação, mesmo que delicada e refinada, do efeito imediato: sua obra era pensada como uma questão que demandava uma resposta imediata; e quantas vezes Wagner quis facilitar a compreensão para aqueles aos quais dirigia uma pergunta – recebia-os com boa vontade e sabendo que não tinham familiaridade com essas questões recorria a formas e meios de expressão artísticos mais tradicionais; quando temia não poder convencer ou não ser compreendido com sua própria linguagem, tentava persuadir e expressar sua questão em uma linguagem que lhe era meio estranha, embora fosse familiar a seus ouvintes. Mas agora nada mais há que possa determiná-lo a uma tal precaução, ele quer apenas uma coisa: se entender consigo próprio, pensar sobre a essência do mundo nos acontecimentos, filosofar em sons: o que restou de *intencional* nele tinha em mira *as apreensões* últimas. Quem é digno o suficiente para saber o que se passava nele naquela época, qual foi o diálogo que travou consigo mesmo na mais sagrada escuridão de sua alma – não são muitos os que são dignos –, que escute, contemple e viva *Tristão e Isolda*, o verdadeiro *opus metaphysicum* de toda arte, obra sobre a qual repousa o olhar alquebrado de um moribundo com sua aspiração muito doce e insaciável aos mistérios da noite e da morte, bem longe da vida que ilumina o mal, o engano e a separação com uma clareza matinal e uma crueza terrível e fantasmagórica: um drama, no mais estrito rigor da forma, arrebatador em sua simples grandeza, única apropriada ao mistério do qual fala: o estar morto em vida, o ser um na dualidade. E existe ainda algo mais maravilhoso que essa obra: o artista ele próprio, que, depois desse drama, soube criar em um curto lapso de tempo uma imagem do mundo de coloração tão diferente quanto possível, particularmente na obra *Os mestres cantores de Nuremberg*. Em cada uma dessas obras é como se tivesse apenas descansado e relaxado para poder concluir, com alguma pressa, o edifício colossal da tetralogia que fora concebido e começado antes delas e que havia sido durante vinte anos objeto de meditação e de criatividade, a obra-prima de Bayreuth: O *anel dos nibelungos*! Aquele que sente espanto diante do parentesco entre *Tristão e Isolda* e *Os mestres cantores* não compreendeu, em um importante aspecto, a vida e a essência dos alemães verdadeiramente grandes: desconhece o fundamento sobre o qual pode crescer aquela *serenidade* própria e exclusivamente *alemã* de Lutero, Beethoven e Wagner, aquela serenidade que não é absolutamente compreendida por outros povos e que parece estar se perdendo para os próprios alemães de hoje – essa mistura clara e pura, acrescida de simplicidade, profundidade de amor, malícia e sentido de observação, foi servida por Wagner como deliciosa bebida a todos aqueles que na vida sofreram profundamente e que a ela retornaram com o sorriso do convalescente. E como ele próprio olhou para o mundo de modo mais conciliador, cedendo mais raramente à raiva e ao desgosto, renunciando ao poder com tristeza e amor e não mais recuando com terror diante dele, como perseguiu em silêncio sua maior obra, reunindo partitura por partitura, aconteceu de repente algo que despertou seu interesse: os *amigos* surgiram para anunciar o movimento subterrâneo de muitos corações – estava ainda longe de ser "o povo" que então se movimentava e se anunciava, mas era talvez a semente e a primeira fonte viva de uma sociedade verdadeiramente humana que se realizaria em um futuro distante; no momento, nada além da garantia de que sua grande obra seria colocada sob a guarda e em mãos de homens de confiança, que seriam chamados a cuidar e a serem dignos desse patrimônio deixado para a posteridade; rodeado pelo amor dos amigos, as cores dos dias de sua vida se tornaram mais luminosas e quentes; sua mais nobre preocupação, a de que antes da noite de sua vida fosse possível alcançar o fim de sua obra e encontrar para ela um abrigo, não foi mais sentida somente por ele. Foi então que surgiu um acontecimento que foi compreendido como um símbolo e que significou, para ele, um novo consolo, um feliz presságio. Uma grande guerra[55] empreendida pelos alemães o fez perceber que esses, tidos por ele como profundamente degenerados e desprovidos do eminente sentido alemão, sentido esse que ele, com profunda consciência, procurara e reconhecera em si e nos outros grandes alemães da história – ele viu que esses alemães em uma situação fora do comum possuíam duas virtudes autênticas: genuína bravura e reflexão. Ele começou a crer, com satisfação interior, que talvez não fosse o último dos alemães e que sua obra encontraria um dia a seu lado um poder ainda maior que a força do auto-sacrifício, porém frágil, dos poucos amigos que deveriam aguardar ainda durante um longo período

[55] Trata-se da Guerra Franco-Prussiana de 1870-1871, que teve como resultado a vitória alemã.

o futuro que lhes fora reservado, a obra de arte desse futuro. Talvez pelo fato de essa crença não poder se proteger por muito tempo da dúvida, ela cresceu cada vez mais no sentido de uma esperança imediata: Wagner foi enfim tomado por um impulso poderoso que o fez sentir-se chamado a um alto *dever*, jamais antes realizado.

Sua obra não estaria pronta, não seria levada a seu termo, se Wagner a tivesse deixado para a posteridade sob a forma de uma partitura muda: ele devia ensinar e tornar público o que não se deixa adivinhar, e que somente a ele fora reservado, um estilo novo para sua execução, para sua representação, a fim de dar o exemplo que nenhum outro poderia dar e assim fundar uma *tradição de estilo* inscrita não em signos sobre o papel, mas em impressões sobre a alma humana. Isso se tornou para ele um dever dos mais sérios pelo fato de suas demais obras, nesse intervalo, terem sofrido no que diz respeito ao estilo da representação o mais intolerável e o mais absurdo destino: tornaram-se conhecidas, admiradas, e foram desfiguradas sem que ninguém se revoltasse. Pois, por mais estranho que possa parecer, enquanto Wagner, julgando de modo cada vez mais lúcido, renunciava resolutamente a ter sucesso junto a seus contemporâneos e se distanciava do pensamento do poder, o "sucesso" e o "poder" vinham a ele; ao menos era o que todos comentavam. Foram em vão suas enérgicas tentativas de trazer à luz aquele total mal-entendido, assim como o que havia de humilhante para ele naquele "sucesso"; estava-se tão pouco acostumado a ver um artista diferenciar tão rigorosamente os tipos de efeito de sua arte, que simplesmente não se deram ouvidos a seus mais solenes protestos. Depois que para ele se tornou clara a relação entre nossa atual vida teatral, assim como de seu sucesso, e o caráter do homem de hoje, sua alma deixou de ter qualquer relação com esse teatro; não lhe interessava o fanatismo estético e o júbilo das massas exaltadas, assim como ele se sentia aborrecido de ver sua arte sendo tragada indiscriminadamente pelas gargantas abertas e bocejantes do insaciável tédio e pelo desejo de distração a todo custo. A observação de um fenômeno que acontecia regularmente o levou a concluir que cada ação era totalmente superficial e desprovida de pensamento, como se se tratasse mais de satisfazer um glutão que de alimentar um faminto: todos, inclusive os diretores e os atores, consideravam sua arte uma música de cena qualquer, conforme o manual repugnante do estilo da ópera, cortavam e espicaçavam sua obra, graças a nossos cultivados mestre-de-capela, para ajustar a ópera à medida dos cantores, enquanto esses acreditavam dominá-la depois de terem cuidadosamente extraído dela o espírito; e quando se tentava realizá-la segundo as prescrições de Wagner, estas eram seguidas de modo tão inábil e com uma ânsia tão melindrosa que era como se a manifestação popular noturna nas ruas de Nuremberg, como é prescrito no segundo ato dos *Mestres cantores,*[56] fosse encenada com dançarinos representan-

[56] Nietzsche refere-se à tumultuada cena na qual o personagem David, aprendiz de Sachs, e Beckmesser, o escrivão, começam a brigar nas ruas da cidade, atraindo a atenção dos vizinhos que descem de suas casas e tomam parte no conflito. Cf. no anexo à presente edição, a sinopse de *Os mestres cantores de Neremberg,* Ato II, Cena 6.

do artificialmente um balé – e com tudo isso se agia de boa-fé e sem segundas intenções. As tentativas abnegadas de Wagner de ao menos indicar, através de ações e exemplos, uma representação simplesmente correta e integral do espetáculo, assim como iniciar alguns cantores no novo estilo da execução, foram sempre de novo arrastadas pelo lodo da estupidez e da rotina reinantes; estas, além disso, o obrigavam a se ocupar sempre de novo desse mesmo mundo do teatro que lhe suscitava tanto desgosto. Goethe não havia perdido a vontade de assistir às representações de sua *Ifigênia*? "Sofro terrivelmente", disse ele como explicação, "de ter de me debater com esses fantasmas que não aparecem como deveriam aparecer."[57] Assim crescia o "sucesso" desse teatro que para ele se tornara repugnante; até que um dia os maiores teatros passaram a viver quase exclusivamente das gordas somas que lhes proporcionava a arte wagneriana desfigurada em arte de ópera. A crescente paixão do público de teatro confundiu até mesmo alguns amigos de Wagner: ele devia padecer – ele, o grande padecente! – a amargura de ver seus amigos embriagados por "sucesso" e "triunfo", lá onde seu único e elevado pensamento se encontrava despedaçado e renegado. Era quase como se um povo, em tantos aspectos sério e grave, não quisesse se desfazer de uma profunda leviandade em relação a seu mais sério artista e, por essa razão, devesse liberar contra ele tudo o que havia de comum, irrefletido, desajeitado e maléfico do ser alemão. Quando durante a guerra alemã uma corrente

---

[57] Goethe a Eckermann, 1º abr 1827.

mais grandiosa e mais livre parecia dominar os espíritos, Wagner lembrou de seu dever de fidelidade que o levava a salvar ao menos sua grande obra desse sucesso e desses insultos nascidos de mal-entendidos, imprimindo nela um ritmo inteiramente seu e erigindo-a em exemplo para todos os povos: assim foi concebido o *pensamento de Bayreuth*. No fluir dessa corrente de ânimos ele acreditou ver crescer, também entre aqueles aos quais havia confiado seu bem mais precioso, um sentimento mais elevado de dever – dessa repartição de deveres nasceu o acontecimento que se projetou como um estranho raio de sol sobre os últimos anos e também sobre os que estão por vir; concebido para a salvação de um futuro longínquo, de um futuro possível, mas indemonstrável, se apresenta para o presente e para os homens que só vivem o presente como um enigma ou horror; para os poucos que terão acesso a ele como um antegosto, um prelúdio de tipo supremo, em virtude do qual se sabem plenos de alegria muito além de seu tempo, tornando-se fecundos e portadores dessa alegria; para o próprio Wagner uma sombra de cansaço, preocupação, reflexão, tristeza, uma fúria renovada por elementos adversos, mas tudo eclipsado pela estrela da *fidelidade desinteressada* e metamorfoseado, sob essa luz, em uma alegria indizível!

Não é preciso dizer: há o sopro do trágico em toda sua vida. E aquele que pode, a partir de sua própria alma, pressentir algo disso, que não sente estranheza diante da coerção exercida por uma trágica ilusão sobre os fins da existência, da reviravolta e da quebra de suas próprias intenções, da renúncia e da purificação por amor, não poderá deixar de sentir, no que Wagner nos mostra em sua obra de arte, uma reminiscência onírica do que foi a existência heróica própria desse grande homem. Nos sentiremos como se de bem longe escutássemos Siegfried narrando seus feitos:[58] a alegria tão comovente da lembrança se entrelaça à profunda tristeza do verão que termina, e toda natureza é banhada pelo silêncio na luz de ouro da noite.

9.

Pensar o que *é o artista Wagner* e refletir sobre o espetáculo de um poder e de uma licença verdadeiramente livres: isso será necessário a cada um para sua salvação e restabelecimento, a cada um que pensou *como foi o devir do homem Wagner* e sofreu com isso. Se a arte é sobretudo a capacidade de comunicar ao outro o que foi vivido, cada obra de arte se contradiz a si própria se não for capaz de se fazer entender: assim a grandeza do artista Wagner consiste justamente naquela comunicabilidade daimônica de sua natureza, que fala de si, por assim dizer, em todas as línguas e dá a ver sua vivência mais íntima e própria com máxima clareza; seu surgimento na história da arte se assemelha a uma irrupção vulcânica do poder artístico, total e indiviso, da própria natureza, depois que a humanidade se habituou, como a uma regra, ao isolamento das artes. Pode-se, por essa razão, hesitar quanto ao nome que deveríamos lhe atribuir, se devemos cha-

[58] Cf. R. Wagner, *Crepúsculo dos deuses*, Ato III, Cena 2.

má-lo de poeta, artista plástico ou músico, tomado cada um desses termos em uma extraordinária ampliação de sua acepção, ou se não seria necessário criar para ele um termo novo.

O *elemento poético* em Wagner consiste no fato de que ele pensa não em conceitos, mas em atos visíveis e sensíveis, isto é, que ele pensa de modo mítico, como o povo sempre pensou. O mito não repousa sobre um pensamento, como imaginam as crianças de uma cultura factícia, mas é ele próprio um pensamento; ele comunica uma representação do mundo, mas na sucessão de processos, ações e provações. *O anel dos nibelungos* é um extraordinário sistema de pensamento sem a forma conceitual do pensamento. Um filósofo talvez pudesse lhe justapor algo bastante semelhante, mas que não teria imagem ou ação e falaria a nós somente através de conceitos; então teríamos algo semelhante representado em duas esferas disparatadas: uma para o povo e a outra para o oposto do povo, o homem teórico. Wagner não se dirige a esse último: pois o homem teórico entende do elemento propriamente poético, o mito, tanto quanto um surdo entende de música, isto é, ambos vêem surgir um movimento desprovido de sentido. De uma daquelas esferas disparatadas não se pode olhar para a outra: enquanto se está sob o encanto do poeta, pensamos com ele, como se fôssemos somente um ser que sente, que vê e que escuta; as deduções que fazemos consistem em articular acontecimentos visíveis, que consistem em causalidades factuais, não lógicas.

Quando os heróis e deuses de tais dramas míticos, criados por Wagner, devem também se exprimir em palavras, surge um grande perigo, o de que a *linguagem que se expressa em palavras* desperte em nós o homem teórico e, assim, nos transponha para uma outra esfera, não-mítica: de tal forma que, através da palavra, no lugar de compreender com maior clareza o que se passa diante de nós, não teríamos compreendido absolutamente nada. Nesse sentido, Wagner levou a língua de volta para um estado originário no qual ela quase não pensa em conceitos, no qual ela própria é ainda poesia, imagem e sentimento; o destemor com o qual Wagner se lançou a essa assustadora tarefa mostra com que força ele foi guiado pelo espírito poético, como alguém que tem de seguir aonde quer que o conduza seu guia espectral. Cada palavra desses dramas devia poder ser cantada e devia estar nos lábios dos deuses e heróis: essa foi a extraordinária exigência que Wagner colocou à sua imaginação no que diz respeito à língua. Qualquer outro teria desistido: pois nossa língua parece estar suficientemente velha e arruinada para que alguém exija dela o que Wagner exigiu. E, no entanto, seus golpes contra o rochedo fizeram surgir uma fonte abundante. Wagner, justamente por que amava essa língua e dela exigia mais, sofreu mais do qualquer outro alemão sua degeneração e enfraquecimento, as inumeráveis perdas e mutilações das formas, o pesado sistema de partículas de nossa sintaxe, a enorme dificuldade em transpor os verbos auxiliares em canto – fenômenos que, por meio de vícios e degradações, penetraram em nossa língua. Ele experimentava, ao contrário, com profundo orgulho, a originalidade e inesgotabilidade existente ainda hoje em nossa língua, a força sonora de suas raízes, nas quais ele, em contraposição às línguas romanas altamente derivadas e artificialmente retóricas, pressentia uma inclinação maravilhosa para a música, uma preparação para a verdadeira música.[59] A poesia de Wagner expressa tal prazer com a língua alemã, estabelecendo com ela uma relação tão afetuosa e sincera como não sentimos, com exceção de Goethe, em nenhum outro alemão. Sensualidade da expressão, concisão surpreendente, força e variação rítmica, uma riqueza notável de palavras vigorosas e expressivas, uma simplificação da estrutura da frase, uma inventividade quase única na linguagem das emoções flutuantes e do pressentimento e, por vezes, uma popularidade e proverbialidade que brotam com total pureza – poderíamos enumerar todas essas qualidades e, ainda assim, faltaria sempre acrescentar a mais poderosa e admirável dentre todas. Ao lermos dois poemas como *Tristão e Isolda* e *Os mestres cantores*, um após o outro, sentimos, com relação à língua que se expressa em palavras, um espanto e uma dúvida semelhantes ao que diz respeito à música: como foi possível reinar como criador sobre dois mundos tão distintos em forma, cor, disposição, assim como em alma? Eis o que há de mais poderoso entre os dons de Wagner e que só é possível entre os grandes mestres: forjar, para cada obra, uma língua nova e dar à nova interioridade também um corpo novo, um som novo. Diante de um tão raro poder, a censura sempre será mesquinha e estéril, tanto a que se refere às arrogâncias e singularidades quanto a relativa às freqüentes obscuridades de expressão

[59] Sobre esse tema ver R. Wagner, "Oper und Drama" [Ópera e drama], in *Gesammelte Schriften und Dichtungen*, op.cit., vol. 4, p.127s.

e aos véus que encobrem o pensamento. Além disso, os que até agora levantaram as mais estridentes censuras foram no fundo motivados não tanto pela língua como pela alma, todo o modo de sofrer e de sentir que lhes parecia escandaloso e inaudito. Esperemos que eles próprios adquiram uma nova alma, então falarão também uma outra língua: e, parece-me, a língua alemã como um todo estará melhor do que está agora.

Mas os que meditam sobre Wagner como poeta e artífice da língua não devem sobretudo esquecer que nenhum dos dramas wagnerianos foi feito para ser lido e que, portanto, não deve ser importunado com as exigências associadas ao drama falado. Este só pode agir sobre os sentimentos através de conceitos e palavras e está sujeito, por isso, às leis da retórica. Mas, enquanto na vida a paixão é raramente eloqüente, no drama falado é preciso que ela seja assim, a fim de tornar possível de algum modo a comunicação. Porém, quando a língua de um povo se encontra em estado de decadência e de desgaste, o dramaturgo é levado a realçar e remodelar de um modo não habitual a língua e o pensamento; pretende elevar a língua para que ela possa fazer ressoar outra vez um sentimento elevado, mas corre com isso o perigo de não ser absolutamente compreendido. Procura também comunicar a paixão por meio de elevadas máximas e idéias, caindo assim em um outro perigo: parecer falso e artificial. Pois a verdadeira paixão, na vida, não fala por sentenças, e a paixão, na poesia, desperta desconfiança quanto à sua sinceridade sempre que se distingue profundamente dessa realidade. Wagner, ao contrário, que foi o primeiro a reconhecer as lacunas intrínsecas ao drama falado, deu ao processo dramático uma tripla expressão, através da palavra, do gesto e da música; a música transmite imediatamente as profundas emoções dos personagens do drama para a alma dos ouvintes, que percebem agora nos gestos desses mesmos personagens a primeira manifestação visível daqueles processos internos e, depois, na língua falada uma segunda aparição, mais pálida, desses mesmos processos traduzidos em um querer mais consciente. Todos esses efeitos acontecem simultaneamente, sem prejudicar de forma alguma uns aos outros, e impõem ao que assiste à representação de tal drama uma compreensão e uma vivência inteiramente novas, como se os seus sentidos subitamente se espiritualizassem e seu espírito se tornasse sensível, como se tudo que procura sair do homem e que tem sede de conhecimento se encontrasse agora livre e bem-aventurado em um júbilo de conhecimento. Como, no drama wagneriano, todo o acontecimento se comunica ao espectador com máxima inteligibilidade, iluminado e inflamado por dentro pela música, seu autor pode prescindir de todos os meios que foram necessários ao poeta do drama falado para conferir calor e luminosidade a suas ações. Toda a economia do drama pode ser simplificada, o sentido rítmico do arquiteto pode outra vez ousar se expressar nas grandes proporções de conjunto do edifício; pois agora não há mais motivo para essa complicação intencional e para essa multiplicidade confusa de estilos pela qual o poeta do drama falado procurava suscitar, a favor de sua obra, o sentimento de surpresa e a intensificação do interesse, para enfim transformá-los em um sentimento de admiração e contentamento. Não era mais necessário utilizar artifícios para produzir a impressão de uma distância e de uma altitude idealizadas. A língua retorna, de uma amplitude retórica, para a concisão e a força da linguagem do sentimento; e apesar de o ator falar muito menos que antes sobre o que fazia e sentia no espetáculo, enredos interiores que até então o autor do drama falado, em seu receio dos elementos pretensamente não-dramáticos, mantivera afastados da cena, levavam agora o ouvinte a uma participação apaixonada, enquanto a mímica de acompanhamento podia se expressar nas mais sutis modulações. Ora, a paixão cantada precisa, em geral, de um tempo maior para se expressar do que a falada; a música estende, por assim dizer, a emoção: segue-se daí que o artista que é, ao mesmo tempo, cantor deve superar a agitação excessiva e pouco plástica do movimento da qual sofre o drama falado. Ele é levado a um enobrecimento dos gestos sempre que a música submerge sua sensação em um banho de éter mais puro e espontaneamente torna a beleza mais próxima.

A extraordinária tarefa que Wagner deu para os atores e cantores suscitou entre eles, ao longo das gerações, uma rivalidade que os levou, enfim, a representar cada herói wagneriano em sua perfeição e visibilidade mais corpórea: essa perfeita encarnação encontra-se já prefigurada na música do drama. Ao acompanhar esse guia, os olhos do artista plástico se abrirão enfim à maravilha de um novo mundo visual, um mundo que foi percebido antes dele e, pela primeira vez, pelo criador de obras tal como o *Anel dos nibelungos*: um *plasmador* de tipo mais elevado que, como Ésquilo, mostra o caminho para uma arte futura. A disputa não há de despertar grandes talentos enquanto o artista plástico comparar o efeito de sua arte com o de uma música tal como a de Wagner: trata-se de uma música que traz a mais pura e luminosa alegria. Aquele que a escuta é tomado pela impressão de que quase toda música anterior teria falado uma língua convencional, acanhada, rígida, como se tivessem tentado se servir dela para jogar diante daqueles que não são dignos de seriedade ou como se através dela procurassem transmitir um ensinamento e uma demonstração àqueles que não são nem ao menos dignos desse jogo. Essa música desperta em nós, somente por um curto segundo, aquela alegria que sentimos sempre com a música de Wagner: parecem raros os momentos de esquecimento que por assim dizer se apoderam dela, nos quais ela fala consigo mesma e dirige o olhar para o alto, como a *Santa Cecília* de Rafael,[60] para bem longe dos ouvintes e suas exigências de divertimento, prazer ou erudição.

De Wagner, como *músico*, deve-se em geral dizer que ele conferiu uma linguagem a tudo na natureza que até então não quisera falar: nada deveria ficar mudo. Aurora, floresta, névoa, abismo, cume das montanhas, calafrios noturnos, brilho da lua – ao mergulhar em cada um deles percebe-se um desejo secreto: eles também querem se exteriorizar em sons. Se o filósofo[61] afirma que existe uma única vontade na natureza, animada e inanimada, que tem sede de existir, então cabe à música acres-

---

[60] Cf. A. Schopenhauer, *O mundo como vontade e representação* I, op.cit., § 52, p.350.
[61] Alusão à metafísica da vontade de Schopenhauer.

centar que essa vontade quer, em todos os níveis, uma existência sonora.

A música anterior a Wagner, tomada em seu conjunto, possuía estreitos limites: referia-se aos estados duráveis do homem, ao que os gregos chamavam de *ethos*,[62] e somente com Beethoven começou a descobrir a linguagem do *pathos*, do querer apaixonado, dos dramas no interior do homem. Antigamente um estado de ânimo, fosse ele calmo ou sereno, recolhido ou arrependido, devia se revelar pelo som, pois por meio de uma acentuada homogeneidade da forma e de sua longa duração pretendia-se levar o ouvinte a interpretar essa música e, enfim, transportá-lo para esse mesmo estado. Certas formas eram necessárias a essas imagens de estados de ânimo e afetos; outras foram estabelecidas por convenção. Sobre a duração decidia a cautela do músico, que certamente queria suscitar no ouvinte um determinado estado de ânimo, mas não entendiá-lo prolongando demasiadamente a duração. Um passo adiante foi dado quando foram esboça-

---

[62] A doutrina antiga do *ethos*, associada à música, formava um complexo no qual se entrelaçavam normas pedagógicas, instruções medicinais, orientações para uma vida filosófica com critérios estéticos e princípios para elaboração da arte musical. Segundo essa doutrina, a ordenação e equilíbrio dos componentes rítmicos e melódicos eram um fator determinante na influência da música sobre o caráter humano. O fundamento para o *ethos* musical era buscado na correlação entre os movimentos do som e da alma: orientar-se segundo a ordenação e equilíbrio que caracterizava a melodia significava assimilar sua harmonia, gerando uma correspondência entre os sons e a alma. De acordo com as doutrinas médicas, essa correlação entre a alma e os sons se expressava, ainda, na alternância e na variação dos "humores". O *ethos*, como caráter constante e durável, era diferenciado do *pathos*, como caráter variável e inconstante, que vindo de fora produzia mudanças nos estados anímicos. Cf. *Das neue Lexikon der Musik*. org. por Günther Massenkeil. Stuttgart-Weimar, Metzler, 1996.

das seqüências de imagens de estados de ânimo opostos e assim foi descoberto o encanto dos contrastes, e outro passo quando a mesma peça sonora passou a admitir em si uma oposição ao *ethos*, como, por exemplo, o conflito entre um tema masculino e um tema feminino. Trata-se de etapas ainda rudimentares e elementares da música, nas quais algumas leis eram prescritas pelo temor da paixão, outras pelo temor do tédio e todo o aprofundamento e transbordamento do sentimento era sentido como "não-ético". Mas depois de haver exposto os mesmos estados de ânimo e os mesmos afetos centenas de vezes, a arte do *ethos* terminou por se esgotar, apesar da impressionante inventividade de seus mestres. Beethoven foi o primeiro a deixar a música falar uma nova linguagem,[63] a linguagem até então proibida da

[63] Beethoven reivindicou para si o título de *Tondichter*, poeta dos sons, e quis com isso expor sua concepção da música como uma arte que rivalizava com a poesia na expressão dos sentimentos, fazendo de sua criação musical não um fim em si, mas uma "revelação dos dramas mais interiores". Como poeta dos sons, as formas gramaticais passam a obedecer a uma finalidade expressiva que não é mais a de "comprazer ou encantar, mas a de levar o ouvinte à descoberta de si, segundo o itinerário de uma meditação". Enquanto a música do *ethos* era caracterizada pela forma homogênea e pela longa duração, os movimentos obedeciam a uma seqüência prescrita e a regras fixas de construção, Beethoven valoriza não mais a frase melódica longa, mas motivos breves e vigorosos, introduzindo a "brusca fratura de um motivo no momento de uma nova exposição", a irrupção de silêncios que fazem a música passar de um "universo estático" ao dinamismo e ao devir. Beethoven leva a promoção do motivo breve, iniciada no classicismo, ainda mais longe, acentuando a expressão lírica e introduzindo na música uma nova dimensão de duração: "A fraseologia beethoveniana, naquilo que ela apresenta de mais abrupto, de mais imprevisível, engendrou uma nova organização do tempo musical. Essa nova definição da duração através da obra talvez seja a contribuição mais especificamente beethoveniana, o elemento que fez toda a música do classicismo dar a volta rumo ao romantismo." Célestin Deliége, apud J. e B. Massin, *História da música ocidental*. Rio de Janeiro, Nova Fronteira, 1997, p.601 e 605.

paixão: mas como sua arte cresceu a partir das leis e convenções da arte do *ethos* e tentava, de qualquer modo, se justificar diante desta, sua trajetória artística foi caracterizada por uma particular dificuldade e imprecisão. Um processo interior, dramático – pois toda paixão segue um curso dramático – ansiava por se expressar em uma nova forma, mas o esquema tradicional da música de humor se opunha e agia como se a moralidade tivesse de se defender contra a expansão da imoralidade. Parece por vezes que Beethoven se propôs a tarefa contraditória de dar expressão ao *pathos* por meio do *ethos*. Esse ponto de vista não se aplica, entretanto, às suas mais grandiosas e tardias obras. Pois para expressar as oscilações extremas da paixão ele realmente encontrou um novo meio: destacava certos pontos de sua trajetória e os interpretava com grande determinação, de modo que os ouvintes pudessem *adivinhar* todo o percurso. Vista de fora, a nova forma apresentava-se como uma justaposição de vários fragmentos musicais, e embora cada fragmento isolado parecesse representar um estado permanente, só correspondia na verdade a um instante do transcurso dramático da paixão. O ouvinte podia crer estar escutando a antiga música de humor, mas a relação das partes isoladas entre si havia se tornado ininteligível e já não podia ser interpretada segundo os cânones do contraste. Os próprios músicos não davam importância à exigência de construção artística de conjunto; a sucessão das partes tornou-se arbitrária em suas obras. A invenção da grande forma da paixão, devido a um mal-entendido, reconduziu à frase particular, associada a qualquer conteúdo, e a tensão das partes umas contra as outras cessou inteiramente. Esta é a razão pela qual a sinfonia, após Beethoven, consiste em uma composição tão extraordinariamente imprecisa, sobretudo quando balbucia na linguagem do *pathos* beethoveniano. Os meios não combinam com a intenção e esta, em seu todo, não se torna de forma alguma clara para o ouvinte, porque ela também jamais adquiriu uma clara forma na cabeça de seu criador. Mas justamente a exigência de que se tem algo muito determinado a dizer e que isto deva ser dito da forma mais precisa torna-se tanto mais indispensável quanto mais elevado, difícil e exigente for o gênero.[64]

Eis por que todo o esforço de Wagner consistiu em encontrar todos os meios que pudessem estar a serviço da *clareza*; foi-lhe necessário, sobretudo, se libertar de todos os limites e pretensões da antiga música dos estados de alma, a fim de dar à sua música, ao movimento sonoro do sentimento e da paixão, uma linguagem inteiramente inequívoca. Se observarmos o que ele alcançou, perceberemos que realizou no domínio da música o que o inventor do grupo livre realizou no domínio das artes plásticas. Toda música anterior, em comparação com a wagneriana, parece rígida ou inibida, como se não pudéssemos olhá-la de todos os ângulos, como se tivesse vergonha. Wagner apreendia cada grau e cada nuance do sentimento com máxima firmeza e precisão; ele tomava nas mãos a emoção mais delicada, mais longínqua e mais selvagem sem temer que ela lhe escapasse e a sustentava como algo que se tornou sólido e consistente,

[64] Sobre esse tema ver R. Wagner, "Comunicação a meus amigos", in *Gesammelte Schriften und Dichtungen*, op.cit., vol. 4, p.300.

ao passo que qualquer outro teria percebido apenas uma borboleta inacessível. Sua música jamais é vaga, feita de estados de ânimo; tudo o que fala através dela, homem ou natureza, o faz através de uma paixão estritamente individualizada; a tempestade e o fogo adquirem a força constrangedora de uma vontade pessoal. Além de todas as ressonâncias dos indivíduos e das lutas de suas paixões, além de todo o turbilhão de contrastes paira, com suprema lucidez, um entendimento sinfônico vigoroso que incessantemente faz nascer da guerra a concórdia: a música de Wagner é, em seu todo, uma reprodução do mundo tal como o compreendeu o grande filósofo de Éfeso, como harmonia que engendra de seu seio a luta, como unidade de justiça e rivalidade.[65] Admiro a possibilidade de deduzir de uma multiplicidade de paixões, que correm em direções distintas, a grande linha de uma paixão coletiva: que isso seja possível é o que atesta cada ato isolado do drama wagneriano que narra, paralelamente, a história singular de diferentes indivíduos e a história coletiva de todos. Desde o início sentimos que estamos diante de correntes individuais antagônicas, mas também diante de uma corrente mais poderosa que todas as outras e que segue em uma única direção: essa corrente a princípio se precipita tumultuosamente sobre rochedos ocultos, por vezes parece que o fluxo se divide e procura seguir direções diferentes. Aos poucos notamos que o movimento interno geral se torna mais forte, irresis-

[65] Ver Heráclito de Éfeso (540-480 a.C.) apud Diels-Kranz: *Die Fragmente der Vorsokratiker.* Heráclito, fragmentos 8, 10, 80. Cf. a respeito G. Bornheim, *Os filósofos pré-socráticos.* São Paulo, Cultrix, 2003.

tível, que a agitação e o tumulto do início dão lugar à calma de um movimento amplo e terrível que se dirige a um fim ainda desconhecido e, de repente, ao fim, a corrente precipita-se em toda sua amplitude nas profundezas, com um prazer demôníaco nos abismos e na quebra das ondas. Nunca Wagner é mais Wagner que quando as dificuldades se decuplicam e ele pode reinar, com o prazer do legislador, sobre vastas proporções. Submeter a ritmos simples massas impetuosas e rebeldes, realizar através de uma desconcertante pluralidade de pretensões e desejos uma vontade – tais são as tarefas para as quais nasceu e nas quais encontra um sentimento de liberdade. Nessa situação, jamais perde a respiração, jamais chega ofegante a seu fim. Procurou impor a si próprio as mais árduas leis com o mesmo afã com que outros aspiravam a aliviar seu fardo; a vida e a arte se tornam um peso quando ele não pode se confrontar com seus mais difíceis problemas. Considere-se a relação existente entre a melodia cantada e a melodia falada – o modo como ele trata a altura, a intensidade, o ritmo da fala do homem apaixonado como modelo natural a ser convertido em arte; considere-se, também, para poder aprender uma arte milagrosa na superação de dificuldades, o modo como ele integra essa paixão que canta no conjunto sinfônico da música. Sua inventividade, tanto no detalhe quanto no conjunto, a onipresença de seu espírito e de seu zelo são tais que acreditaríamos, ao observar uma partitura wagneriana, não ter havido antes dele nenhum verdadeiro trabalho e esforço. Parece que, no que diz respeito à fadiga da arte, ele teria podido dizer que a verdadeira virtude do dramaturgo reside na abnegação, o que provavelmente o levaria a retrucar: existe somente uma fadiga, aquela dos que ainda não se libertaram; a virtude e o bem são leves.

Considerado em seu conjunto como artista, e para lembrar um tipo bem conhecido, Wagner traz em si algo de Demóstenes: a terrível seriedade com que se dirige a sua tarefa[66] e a força do golpe com o qual a cada vez se apropria dela; ele a envolve em suas mãos e, no mesmo instante, a apreende como se fosse de bronze. Ele dissimula, como Demóstenes, sua arte ou faz com que a esqueçam, forçando assim a pensar na própria coisa; e é, como Demóstenes, a última e mais eminente figura de toda uma série de poderosos espíritos artísticos e tem, portanto, mais a ocultar que o primeiro da série; sua arte age como natureza, como uma natureza restaurada, reencontrada. Não traz em si nada de epidítico, como todos os músicos anteriores que, oportunamente, jogavam com sua arte a fim de dar mostras de sua maestria. Diante de uma obra de arte wagneriana não pensamos no que ela tem de interessante, nem no que tem de divertido, assim como não pensamos no próprio Wagner, nem na arte em geral: sentimos unicamente o *necessário*. Nunca se poderá avaliar o rigor e a uniformidade da vontade, a superação de si que foram necessários ao artista, ao longo de sua formação, para poder enfim, na maturidade, com alegre liberdade, fazer o necessário

[66] Demóstenes foi orador e político ateniense (384-322 a.C.). Quando alcançou a maioridade, processou os parentes que haviam espoliado sua herança, ganhando a causa com os cinco primeiros discursos de sua carreira. Embora não possuísse o dom da oratória, Demóstenes procurou aperfeiçoar-se e superou suas dificuldades produzindo discursos minuciosamente elaborados e de grande eloqüência.

em cada instante da criação: já é suficiente se percebemos, em casos particulares, como sua música se submete, não sem uma cruel decisão, à marcha do drama que é inexorável como o destino, enquanto a alma ardente dessa arte anseia, um dia, vaguear sem freios na liberdade e na natureza selvagem.

10.

Um artista que tem sobre si um tal império subjuga, sem o querer, todos os outros. Mas para ele aqueles aos quais subjugou, seus amigos e discípulos, não significam um perigo, um limite, enquanto os de pouco caráter, porque procuram se apoiar nos amigos, acabam por perder sua liberdade. É maravilhoso perceber como Wagner, ao longo de sua vida, evitou que se formassem em torno de si partidos, embora em cada fase de sua arte tenha se formado um círculo de discípulos que, ao que parece, tentava detê-lo nessa fase. Ele sempre passava por eles sem se deixar deter; seu caminho era além disso muito longo para que um indivíduo pudesse, com facilidade, acompanhá-lo desde o início, e tão insólito e íngreme que até o mais fiel perderia o fôlego. Em quase todas as épocas da vida de Wagner seus amigos o teriam voluntariamente transformado em dogma; seus inimigos também, embora por outros motivos. Se a pureza de seu caráter artístico tivesse sido menos incisiva, ele teria se tornado bem antes a autoridade decisiva da arte e da música do presente – o que ele acabou por se tornar, mas em um sentido muito mais elevado, o de que tudo o que acontece em algum domínio da arte deve involuntariamente comparecer diante do tribunal de sua arte e de seu caráter artístico. Ele subjugou os mais relutantes: não existe mais nenhum músico talentoso que não o escute no fundo de si e que não o considere mais digno de ser ouvido do que a si mesmo e a todo o restante da música em geral. Alguns, que querem ter sua importância, lutam contra esse impulso interior que os aprisiona, aproximando-se com meticuloso zelo do círculo dos velhos mestres e preferindo apoiar sua "autonomia" antes em Schubert ou Händel a Wagner. Em vão! Enquanto lutam contra a autêntica voz de sua consciência, diminuem-se e se apequenam como artistas, corrompendo seu caráter ao ter de tolerar maus aliados e amigos: e depois de todos esses sacrifícios ainda se flagram, talvez em sonho, escutando a música de Wagner. Esses adversários são dignos de pena: eles creem que perdem muito ao se perder, mas é aí que se enganam.

Mas é claro que importa muito pouco a Wagner se o músico, a partir de agora, irá compor música wagneriana ou mesmo se irá compor ou deixar de compor; ele faz o que pode para destruir a funesta crença de que deve ser o ponto de partida de uma escola de compositores. Na medida em que tem uma influência imediata sobre os músicos, procura instruí-los na arte da grande apresentação musical e cênica; parece-lhe que chegou um momento no desenvolvimento da arte no qual a boa vontade de se tornar um hábil mestre da arte cênica, um bom executor, é muito mais valiosa que o desejo de se tornar um "criador" a qualquer preço. Pois essa criação, no estágio da arte hoje alcançado, tem a funesta conseqüência de nivelar o efeito do que é verdadeiramente grande ao reproduzi-lo em inúmeros exemplares, na medida das possibilidades, deteriorando através do uso corrente os meios e artifícios do gênio. O próprio bem é superficial e nocivo na arte quando se origina da imitação do melhor. Os fins e meios wagnerianos estão inseparavelmente ligados: não é preciso mais que probidade artística para perceber isso, de modo que é falta de probidade se apropriar desses meios para empregá-los em fins completamente diferentes e menores.

Se portanto Wagner se recusa a viver em um meio de músicos que seguem o modo wagneriano de compor, impõe com tanto mais ênfase a todos os talentos a nova tarefa de com ele encontrar as leis do estilo da encenação dramática. A mais profunda necessidade o impulsiona a fundar, para sua arte, a *tradição de um estilo* em virtude da qual sua obra sobreviveria como pura forma, de uma época a outra, até alcançar aquele *futuro* para o qual seu criador a havia predestinado.

Wagner é levado por um insaciável impulso a comunicar tudo o que se relaciona à fundação de tal estilo e, conseqüentemente, à perpetuação de sua arte. Fazer de sua obra, para falar como Schopenhauer,[67] um depósito sagrado e o verdadeiro fruto de sua existência, a propriedade da humanidade legada a uma posteridade que pudesse julgar melhor: este foi para ele o fim que precede *todos os outros* e pelo qual ele porta a coroa de espi-

---

[67] Cf. A. Schopenhauer, *Parerga e Paralipomena* II, §57, in *Sämtliche Werke*, org. Löhneysen. Darmstadt, 1989, vol. 5.

nhos que um dia se transformará em coroa de louros: seus esforços concentraram-se na salvaguarda de sua obra com a mesma determinação com que o inseto, em sua forma definitiva, busca garantir a segurança de seus ovos e tomar precauções para a ninhada que ele jamais verá: tendo depositado seus ovos onde a ninhada encontrará seguramente vida e alimentação, pode morrer tranqüilo.

Esse fim, que precede todos os outros, o leva sempre a novas invenções; ele as extrai em número crescente da fonte de sua demoníaca capacidade de comunicação, enquanto sente mais claramente que está em luta contra essa época, a menos disposta a escutar, e pela qual tem cada vez mais aversão. Mas pouco a pouco essa mesma época começa a ceder a suas tentativas infatigáveis, à sua flexível insistência, e consente em escutá-lo. Sempre que surgia no horizonte uma oportunidade, significativa ou não, de esclarecer seus pensamentos com exemplos, Wagner estava pronto: ele ajustava seus pensamentos a cada circunstância e procurava expressá-los mesmo nos quadros da mais pobre representação. Sempre que uma alma, ainda que não muito receptiva, se abria para ele, ele não deixava de lançar sua semente. Tinha ainda esperança, enquanto o observador frio levantava os ombros; iludiu-se centenas de vezes para ter razão ao menos uma vez diante desse observador. Assim como o sábio só convive com os homens de sua época quando é possível através deles aumentar o tesouro de seu conhecimento, parece que o artista só pode se relacionar com os homens de seu tempo na medida em que possam contribuir para a eternização de sua arte: não é possível amá-lo sem amar essa perenidade e, de modo semelhante, ele ressente sobretudo um tipo de ódio, o ódio que quer romper as pontes que levam ao futuro de sua arte. Os discípulos que Wagner formou, os músicos e atores aos quais disse uma palavra, ensinou um gesto, as pequenas e grandes orquestras que dirigiu, as cidades que o viram na seriedade de seu trabalho, os príncipes e mulheres que participaram com reserva ou com amor de seus planos, os diversos países europeus aos quais pertenceu, durante algum tempo, como juiz e má consciência de suas artes: tudo se tornou pouco a pouco o eco de seu pensamento, de seu incansável esforço em direção a uma futura fecundidade; se esse eco retornava a ele muitas vezes deformado e confuso, a soberania dos vigorosos acordes que ele centenas de vezes lançou ao mundo acabava encontrando uma soberana ressonância; e logo não será mais possível não o escutar, não o compreender. Essa ressonância já faz estremecerem os santuários da arte do homem moderno; a cada vez que o sopro de seu espírito penetra nesses jardins, acaba por revirar tudo o que há de caduco e rude; e ainda mais eloqüente que esse estremecimento é a dúvida que ecoa por todos os lugares: ninguém mais sabe dizer onde, de repente, irá irromper a influência de Wagner. Ele é rigorosamente incapaz de conceber a salvação da arte separada de qualquer outra salvação ou perdição: onde os espíritos modernos ocultam perigos, lá ele percebe com o olhar desconfiado e cheio de suspeita que a arte também corre perigo. Ele desmonta em seus pensamentos o edifício de nossa civilização e nada de podre, de precariamente construído lhe escapa: quando se depara com muros resistentes e com fundações duráveis, pensa, imediatamente, em um meio de arranjar para sua arte muralhas e telhas protetoras. Vive como um fugitivo que tenta preservar não a si próprio, mas a um segredo, ou, ainda, como uma mulher infeliz que procura salvar não a sua vida, mas a da criança que traz em seu seio: como Sieglinde, ele vive "por amor do amor".[68]

Pois esta é de fato uma vida cheia de tormentos e opróbrios, a de andar errante e inquieto em um mundo com o qual é preciso dialogar, ao qual é preciso colocar exigências e desprezar sem poder, no entanto, prescindir daquilo que despreza – e esta é a miséria própria do artista do futuro que não pode, como o filósofo, estar em busca do conhecimento para si próprio, em um recanto obscuro, pois precisa de almas humanas que se liguem ao futuro, instituições públicas que garantam o futuro, que sejam pontes entre o presente e o porvir. Sua arte não pode ser levada na barca da escrita, como a do filósofo: a arte, para ser transmitida, precisa de *homens capazes*, não de letras ou notas. Em muitas épocas da vida de Wagner soa a angústia de não poder mais se aproximar desses homens capazes e, em vez do exemplo que tinha a lhes dar, ter que se restringir contra a sua vontade às indicações manuscritas; e em vez de fazer ver a ação, ter de mostrar apenas um pálido reflexo dessa ação aos

---

[68] Referência à passagem na qual Brünnhilde diz a Sieglinde para fugir e proteger o filho, Siegfried, que traz em seu ventre: "Viva mulher, por amor do amor!/ ... um Wälsung cresce em seu ventre!" Cf., no anexo à presente edição, a sinopse de *A Valquíria*, Ato III, Cena 1.

que lêem livros, o que quer dizer, em resumo, aos que não são artistas.

O *escritor* Wagner mostra a aflição de um homem corajoso, do qual se cortou a mão direita e continuou a esgrimir com a esquerda: quando escreve é sempre um homem que sofre porque uma necessidade momentaneamente insuperável o priva da verdadeira comunicação, que se dá a sua maneira, e que tem a forma de um luminoso e triunfante exemplo. Seus escritos não têm nada de canônico, rigoroso: o cânon se encontra nas obras. É a tentativa de apreender o instinto que o leva a compor as suas obras e ver a si próprio nos olhos, por assim dizer; se ele conseguiu transformar seu instinto em conhecimento, espera então que se desencadeie na alma de seus leitores o processo inverso: eis a perspectiva que o leva a escrever. Se devêssemos constatar que isso equivale a tentar o impossível, Wagner compartilharia o mesmo destino que todos aqueles que meditaram sobre a arte, tendo sobre eles a vantagem de ter abrigado em si, em sua totalidade, o instinto artístico mais poderoso. Não conheço nenhum escrito estético tão luminoso quanto os de Wagner, nos quais encontramos tudo o que podemos aprender sobre o nascimento da obra de arte. Um grande artista não apenas dá aqui seu testemunho, mas melhora, liberta, explicita, tira do indeterminado cada vez mais esse testemunho ao longo de muitos anos; mesmo quando tropeça no percurso desse conhecimento, faz trepidar o fogo. Escritos tais como *Beethoven*, *Sobre a regência*, *Sobre atores e cantores*, *Estado e religião*, anulam todo desejo de objeção e impõem uma contemplação silenciosa, íntima, atenta, como convém ao abrir uma preciosa caixa de relíquias. Outros escritos, particularmente os do primeiro período, inclusive *Ópera e drama*, excitam, provocam inquietude: há uma desigualdade no ritmo que faz com que essa prosa desconcerte. A dialética é interrompida, de múltiplas formas, enquanto os saltos do sentimento têm por efeito não acelerar, mas conter a marcha; uma espécie de relutância do escritor pesa como uma sombra sobre tais textos, como se o artista se envergonhasse da demonstração conceitual. E o que talvez mais incomode os que não estão suficientemente familiarizados com seus escritos é uma expressão de dignidade mesclada com autoridade muito própria a Wagner e que é difícil de descrever: tenho a impressão que Wagner fala muitas vezes como se *se dirigisse a adversários* – pois todos esses livros foram escritos no estilo oral, não no estilo da escrita, e se tornam muito mais claros quando lidos, ou bem lidos, em voz alta –, a adversários com os quais evita qualquer proximidade, mostrando-se reticente, reservado. Não raro a paixão arrebatadora de seu sentimento irrompe desse pregueado de intenções; vemos então desaparecerem os períodos pesados, artificiais, carregados de epítetos e surgirem frases e páginas inteiras que pertencem às mais belas da prosa alemã.

Mas, mesmo supondo que em tais passagens de seus escritos Wagner se dirija a amigos e que o espectro de seu adversário não esteja mais à espreita, todos com os quais se relaciona enquanto escritor, amigos e inimigos, possuem um traço em comum que os diferencia fundamentalmente desse povo para o qual ele cria enquanto artista. Eles são, no requinte e na esterilidade de sua cultura, absolutamente não-populares, e aquele que quer ser compreendido por eles deve falar de modo não-popular: assim como fizeram nossos melhores escritores de prosa, assim também fez Wagner. Pode-se adivinhar com que pesar e inquietação. Mas a violência daquele impulso protetor e quase maternal, pelo qual faz qualquer sacrifício, o leva de volta àquela atmosfera de eruditos e homens cultos dos quais se despedira enquanto criador. Ele se submete à linguagem da cultura e a todas as leis de sua comunicação, apesar de ter sido o primeiro a sentir sua profunda insuficiência.

Pois o que distingue sua arte de toda arte dos tempos modernos é que ela não fala mais a língua da cultura de uma casta e ignora a oposição entre gente cultivada e não-cultivada. Sua arte se opõe assim a toda cultura do Renascimento, cultura que nos envolveu até o presente, nós, homens modernos, com sua luz e com sua sombra. Na medida em que a arte de Wagner permite que nos afastemos por um instante, é possível pela primeira vez abranger com a vista a homogeneidade de tal cultura: Goethe e Leopardi[69] nos aparecem então como os últimos grandes epígonos dos filólogos-poetas italianos[70] e *Fausto* como

[69] Giacomo Leopardi, poeta italiano (1798-1837).

[70] Alusão ao movimento humanista que se forma em torno de Francesco Petrarca (1304-74), poeta, historiador e pesquisador de manuscritos antigos que trouxe contribuições significativas ao aprimoramento dos estudos filológicos sobre a Antigüidade clássica. Petrarca foi o poeta e pensador que mais amplamente resumiu a transição da ascese cristã da Idade Média à inquietação com o homem e a natureza que caracteriza a Idade Moderna, articulando a herança clássica às novas perspectivas da cultura européia.

a representação do enigma mais impopular que se colocou aos tempos modernos, na figura do homem teórico sedento de vida; a própria canção de Goethe é cantada de acordo com a canção popular, mas não lhe dá o tom; eis por que o poeta confiou, com tanta seriedade, a um discípulo: "Meus escritos não podem ser populares; quem assim pensa e se esforça nesse sentido está equivocado."[71]

Que possa haver uma arte tão luminosa, radiante e cálida que ilumine com seus raios os mesquinhos e pobres de espírito e, ao mesmo tempo, derreta o orgulho dos homens de conhecimento – isso a experiência teve de nos ensinar, não podíamos adivinhar. Mas, no espírito daquele que hoje faz essa experiência, não é possível deixar de subverter todas as noções de educação e cultura; terá a impressão de ver se levantar a cortina de um futuro no qual não existirá nenhum bem ou felicidade supremos que não seja comum ao coração de todos. O ultraje até agora ligado à palavra "comum" será então desfeito.

Se o pressentimento ousa se aventurar assim em espaços distantes, a inteligência irá se confrontar com a inquietante incerteza social de nosso presente e não irá esconder o perigo que corre uma arte que não possui raízes senão em um longínquo futuro e que nos deixa ver seu ramo em flor, mas não o solo no qual cresce. Como salvaremos essa arte sem pátria até que possa alcançar aquele futuro, como represaremos a torrente da revolução que por todos os lugares parece inevitável? Como

[71] Goethe a Eckermann, 11 out 1828.

tornar possível que com tudo o que está condenado a perecer e que o merece, não seja também varrida para longe a antecipação bem-aventurada e a garantia de um futuro melhor, de uma humanidade mais livre?

Quem se coloca tais questões, e assim se preocupa, compartilha com Wagner suas preocupações. Este se verá impelido a buscar os poderes existentes[72] que têm a boa vontade, nos tempos de terremotos e intempéries, de ser o protetor do mais nobre patrimônio da humanidade. É unicamente nesse sentido que Wagner pergunta aos homens cultos, em seus escritos, se consentiriam em abrigar em seus cofres, com seus outros tesouros, o seu legado próprio, o precioso anel de sua arte; e mesmo a admirável confiança que Wagner depositou no espírito alemão, também com relação a seus objetivos políticos, me parece ter sua origem no fato de ele ter confiado ao povo da Reforma a força, a doçura e a valentia necessárias para "represar o mar da revolução no leito do rio da humanidade que flui tranquilo":[73] e eu quase acreditaria que ele não quis expressar outra coisa através da simbólica de sua *Marcha imperial*.[74]

---

[72] Referência ao rei Ludwig II, que sobe ao trono da Baviera em 1864, aos 18 anos, e imediatamente convoca Wagner para dar continuidade à sua criação artística em Munique. Sua paixão pela música de Wagner resultou em subsídios generosos ao longo de toda a estadia do compositor na cidade, além do apoio financeiro concedido para a realização do empreendimento de Bayreuth, especialmente para o *Anel dos nibelungos*.

[73] Trata-se de uma citação de Wagner. "Introdução ao terceiro e quarto volume", in *Gesammelte Schriften und Dichtungen*, op.cit., vol. 3, p.2.

[74] A *Marcha imperial* foi composta por Wagner em 1871, durante a onda nacionalista que se seguiu à proclamação do Segundo Reich e à vitória alemã na Guerra Franco-Prussiana.

Mas em geral o impulso solícito do artista criador é muito poderoso, o horizonte de seu amor pelos homens muito vasto para que seu olhar fique restrito às fronteiras nacionais. Seus pensamentos, como os de todo bom e grande alemão, vão *além do que é alemão,* e a linguagem de sua arte se dirige não ao povo, mas aos homens.

Mas aos *homens do futuro.*

Esta era sua mais íntima crença, e também seu tormento e sua distinção. Nenhum artista, em nenhuma época do passado, recebeu de seu gênio um tão notável dom, ninguém além dele teve de beber essa gota de acre amargura juntamente com a poção divina, poção que lhe trazia o entusiasmo. Não se trata, como se poderia crer, de um artista incompreendido, maltratado e fugitivo que assumiu essa crença por legítima defesa: o sucesso ou insucesso entre os contemporâneos não poderia destruí-la ou justificá-la. Ele não pertence à geração do presente, pouco importa se para seu elogio ou censura – este é o juízo de seu instinto; e se haverá uma geração que será um dia a sua, isso não é algo passível de ser demonstrado àqueles que não crêem nela. Mas esses incrédulos podem também indagar de que natureza deveria ser uma geração para que Wagner nela reconhecesse seu "povo", isto é, todos aqueles que sentem uma falta comum e procuram dela se libertar através de uma arte comum. Schiller certamente teve mais fé e esperança: ele não se perguntou como seria um futuro no qual o instinto do artista e suas predições teriam razão, mas exigiu dos artistas:

Elevai-vos com asas audaciosas
muito além de vosso tempo!
De bem longe se insinua em vosso espelho
a aurora do século por vir![75]

11.

A sã razão nos guarde da crença de que a humanidade um dia encontrará um regime ideal e definitivo e que a felicidade, como o sol dos trópicos, brilhará com os mesmos raios sobre homens de um tal modo ordenados: Wagner nada tem a ver com essa crença, ele não é um utópico. Se ele não pode deixar de ter fé no futuro, isso significa que percebe particularidades nos homens do presente que não pertencem ao caráter ou à estrutura imutáveis do ser humano, mas que são mutáveis, ou em outras palavras, efêmeras, e que justamente *em razão dessas particularidades* a arte deve ser para eles sem pátria e ele próprio o mensageiro precursor de um outro tempo. Nenhuma época de ouro, nenhum céu límpido está reservado a essas gerações futuras às quais se refere seu instinto e cujos traços aproximados poderiam ser decifrados na escrita secreta de sua arte se fosse possível deduzir de uma espécie de satisfação uma espécie de falta. Mesmo uma bondade e uma justiça sobrehumanas não se estenderiam como um arco-íris imóvel sobre o campo desse futuro. Talvez essa geração pareça, em seu con-

[75] "O artista", versos 466-9.

junto, mais má que a de hoje – pois ela será *mais franca*, no bem e no mal; seria até mesmo possível que sua alma, se chegasse a se expressar plena e livremente, abalasse e assustasse nossa alma como se um espírito maligo da natureza, até então oculto, levantasse sua voz. E como soariam essas frases em nossos ouvidos: a paixão vale mais que o estoicismo e a dissimulação, ser sincero, mesmo no mal, é melhor que se render à moralidade da tradição, o homem livre tanto pode ser bom quanto mau, mas o homem submisso é uma vergonha da natureza e não participa de nenhum consolo celeste ou terreno; enfim, cada um que quer se tornar livre deve fazê-lo por si mesmo, a liberdade não cai como um milagre no colo de ninguém. Por mais estridentes e inquietantes que pareçam soar esses acordes, eles provêm desse mundo futuro que *necessita verdadeiramente* da arte e que dela pode esperar também verdadeiras satisfações; é a linguagem da natureza restaurada também no homem. É precisamente o que chamei, antes, de sensação autêntica em contraposição à sensação inautêntica dominante no tempo presente.

Mas verdadeiras satisfações e consolos existem unicamente para a natureza, e não para o âmbito do não-natural e da sensação inautêntica. Para o não-natural, se por ventura adquirir consciência de si próprio, resta apenas o aspirar ao nada, ao passo que a natureza aspira à metamorfose através do amor: o primeiro quer *não* ser, o segundo quer ser de *outro modo*. Aquele que compreendeu essas palavras pode então contemplar na intimidade de sua alma os simples motivos da arte wagneriana e indagar se neles é a natureza ou a não-natureza que persegue seus fins, tais como acabam de ser descritos.

O inquieto e desesperado é redimido de sua agonia no amor compassivo de uma mulher que prefere morrer a lhe ser infiel: eis o motivo do *Navio fantasma*. – A amante, renunciando a toda felicidade pessoal, converte-se em santa através da transmutação celestial do amor em *caritas* e salva a alma do amado: este é o motivo de *Tannhäuser*. – O supremo e o mais elevado desce aos homens e não quer ser perguntado sobre sua proveniência; quando a pergunta fatal lhe é dirigida, retorna dolorosamente, e cheio de aflição, a sua vida superior: motivo de *Lohengrin*. – A alma amorosa de uma mulher e todo o povo recebem calorosamente o novo gênio que traz felicidade, embora este seja rechaçado e caluniado pelos conservadores da tradição e da convenção: motivo dos *Mestres cantores*. – Dois amantes, que ignoram a reciprocidade de seu amor, sentem-se profundamente feridos e desprezados, desejando beber, cada um da mão do outro, a bebida mortal. Embora aparentemente desejem reparar a ofensa, na verdade o que os move é um impulso inconsciente: pretendem, através da morte, se libertar de toda separação e de toda dissimulação. A crença na proximidade da morte liberta suas almas e as submerge em uma felicidade breve, mas inquietante, como se efetivamente tivessem escapado do dia, da ilusão e da própria vida: tal é o motivo de *Tristão e Isolda*.

No *Anel dos nibelungos*, o herói trágico é um deus que anseia pelo poder e que ao tentar, de todos os modos, conquistá-lo compromete-se com acordos que o levam à perda de sua liberdade, assim como se vê enredado na maldição que pesa sobre o poder. A perda de sua liberdade se expressa no fato de que não dispõe mais de meios de se apoderar do anel de ouro, quintessência de todo poder na terra, e ao mesmo tempo os piores perigos o ameaçam enquanto esse anel permanecer em poder de seus inimigos: o temor do fim e do crepúsculo de todos os deuses se apodera dele, assim como o desespero de ver chegar esse fim sem poder impedi-lo. Necessita do homem livre e destemido que, sem os seus conselhos e auxílios, e em luta contra a ordem divina, realiza por si só a tarefa que ao deus foi negada: mas não o encontra e justamente quando uma nova esperança surge deve cumprir com o encargo que o aprisiona: com suas mãos deve aniquilar o que mais ama e deve castigar a compaixão mais pura com sua desgraça. É tomado enfim pelo desgosto diante do poder que traz o mal e a servidão em seu seio, sua vontade se quebra e ele próprio anseia pelo fim que o ameaça de longe. E então acontece o mais desejado: o homem livre e destemido aparece, em oposição a toda a tradição; seus pais expiam o elo que os uniu contra a ordem da natureza e dos costumes: eles perecem, mas Siegfried vive. Diante de sua esplêndida transformação e desabrochar, a mágoa da alma de Wotan se abranda e seu olhar segue, com amor paternal e angústia, o destino do herói: vê como forja sua espada, mata o dragão, conquista o anel, escapa às mais ardilosas fraudes, desperta Brünnhilde, vê que a maldição que pesa sobre o anel também não o poupa e se aproxima cada vez mais dele, como ele, fiel na infidelidade, magoando por amor o que mais ama, é envolvido pela sombra e pela névoa da culpa. Mas, por fim, puro como o sol que nasce e se põe, incendeia o céu inteiro com fulgores de chamas, purificando o mundo da maldição. A tudo isso o deus assiste, deus cuja poderosa lança se quebrou na luta com o mais livre,[76] para o qual perdeu seu poder, deus que se deleita com sua própria derrota, que compartilha a alegria e o sofrimento de seu vencedor. Seu olhar, no qual brilha uma dolorosa felicidade, pousa sobre os últimos acontecimentos: ele se tornou livre no amor, livre de si próprio.

E agora, gerações do presente, é preciso que perguntem a si próprios: terá sido *para vocês* que tudo isso foi inventado? Vocês têm a coragem, com suas mãos sobre as estrelas dessa inteira abóbada celeste de beleza e bondade, de mostrar e de dizer: esta é nossa vida que Wagner transportou até as estrelas?

Quem são, dentre vocês, os homens capazes de interpretar a imagem divina de Wotan segundo suas próprias vidas e que se tornam, como ele, maiores na medida de seu declínio? Quem de vocês, que sabe e experimentou que o poder é mau,[77] quer renunciar a ele? Onde estão os que, como Brünnhilde, entregarão por amor seu conhecimento e, por fim, retirarão de sua vida o conhecimento supremo: "A mais profunda dor de um amor

[76] Cf. R. Wagner, *Siegfried*, Ato 3, Cena 2. Referência à cena na qual Wotan, disfarçado de andarilho, tenta impedir o caminho de Siegfried com sua lança, que é destroçada pela espada do herói.

[77] Cf. J. Burckhardt, "Reflexões sobre a história universal": "E assim constata-se … que em si o poder é mau." In *Gesammelte Werke*, IV, Basel e Darmstadt, 1955, p.25.

em luto abriu-me os olhos"?[78] E os heróis livres, sem medo, que crescem e florescem em inocente autonomia, os Siegfried, onde estão entre vocês?

Quem assim pergunta, e pergunta em vão, deverá voltar os olhos em busca do futuro: e caso seu olhar venha a descobrir, em algum longínquo lugar, aquele "povo" ao qual será dado ler nos signos da arte wagneriana sua própria história, compreenderá por último, também, *o que Wagner será para esse povo*: ele não pode ser para nós todos, talvez como tenha sido nossa impressão, o vidente de um futuro, mas sim o intérprete e transfigurador de um passado.

[78] *Crepúsculo dos deuses*, Ato III: "Para a sagrada terra escolhida, livre de ilusão ou desejo, metas da faina terrena, do renascimento remida, vai-se a que é iluminada. O final abençoado de todas as coisas eternas, sabe como alcancei? A mais profunda dor de um amor em luto abriu-me os olhos. Eu vi o mundo acabar." Trata-se de uma das versões elaboradas por Wagner para o último ato do *Crepúsculo dos deuses* e que ficou conhecida como "final Schopenhauer". Nessa versão, inspirada na filosofia de Schopenhauer, Brünnhilde se vê redimida do ciclo perpétuo de desejo e sofrimento ao aceitar seu próprio aniquilamento. Sobre esse tema ver B. Millington (org.), *Wagner um compêndio*, op.cit., p.342-3.

ANEXO

Sinopses das óperas de Wagner comentadas por Nietzsche

Fonte: *The Wagner Compendium: A Guide to Wagner's Life and Music*. Londres, Thames and Hudson, 1992.

Tannhäuser[1]

Uma das mudanças mais fundamentais para Paris diz respeito ao início da ópera, pois a Bacanal em Venusberg (que Wagner e outros identificam como o monte Hörselberg na Turíngia) é mais longa e também mais frenética. Na versão original, as direções cênicas orientavam para uma gruta com náiades se banhando, sereias reclinadas e ninfas dançando. Vênus aparece recostada num divã, sob uma luz rósea, tendo a seus pés Tannhäuser, com a cabeça em seu colo e apoiado sobre um joelho. Incentivadas pelas bacantes, as dançarinas chegam ao clímax de excitação orgiástica. Também nessa versão foram acrescentadas as Três Graças e os cupidos; sátiros e faunos perseguem as ninfas, gerando frenesi. Instigados pelas Graças, os cupidos despejam sobre os participantes da Bacanal uma chuva de setas do amor, acalmando a situação.

Exaurido dos prazeres sensuais, Tannhäuser suplica a Vênus que o libere. Ela termina por aquiescer e, quando Tannhäuser invoca a Virgem Maria, Vênus e seus domínios desaparecem no mesmo instante. Tannhäuser encontra-se então num vale ensolarado diante de

[1] Esta sinopse apresenta as principais diferenças entre a "versão de Dresden" (1860) e a "versão de Paris" (1875) da ópera. (N.E.)

Wartburg, e à sua frente desfila uma procissão de peregrinos. Em seguida aproximam-se o Landgrave e alguns menestréis que, ao reconhecerem Tannhäuser, saúdam-no calorosamente. Atendendo a seus pedidos, Tannhäuser permanece com eles.

O segundo ato principia com Elisabeth saudando o Salão da Canção do Wartburg, que ela deixara durante a ausência de Tannhäuser. Os dois comemoram a sua reunião. No pátio ouvem-se os trompetes que anunciam a chegada dos convidados para o torneio de canto (cavaleiros, condes, suas damas e séquitos). Exaltando a arte da canção, o Landgrave convida os menestréis a demonstrá-la cantando em louvor do amor; o mais hábil deles receberá o prêmio das mãos de Elisabeth. Wolfram recorre à imagem da fonte para cantar a pureza do amor; Tannhäuser responde que a fonte do amor só faz provocar nele o desejo ardente. O cantor seguinte, Walther von der Vogelweide, lembra que tal fonte só dispensa as suas graças quando se afastam os pensamentos carnais. A resposta de Tannhäuser deixa claro que ele não pretende banir tais pensamentos. Biterolf desafia Tannhäuser para um duelo além da mestria vocal, mas Tannhäuser zomba de sua inexperiência nos prazeres do verdadeiro amor. A consternação é geral e as damas, à exceção de Elisabeth, retiram-se chocadas. Os cavaleiros cercam e ameaçam Tannhäuser, mas Elisabeth lhes pede clemência. Tannhäuser se arrepende. O Landgrave lhe diz então que sua única esperança de salvação é juntar-se aos peregrinos que estão de partida para Roma.

No terceiro ato, Elisabeth, não vendo Tannhäuser entre os peregrinos que retornam, canta a sua "Prece". Quando ela sai, Wolfram entoa o famoso "Hino à Estrela Vespertina". Tannhäuser surge e faz a Wolfram a sua "Narração", contando sua visita como penitente ao papa e sua condenação: assim como não podem brotar folhas do báculo do papa, ele também não poderia mais ser perdoado. Para horror de Wolfram, Tannhäuser declara a sua intenção de voltar ao Venusberg. Surge então a própria Vênus recostada em seu divã envolta numa brilhante luz rósea. (Na versão original de 1845, Vênus não aparecia; um clarão avermelhado ao longe sugeria o Venusberg; do mesmo modo, apenas o dobre dos sinos, vindo do Wartburg, anunciava a morte de Elisabeth.) Segue-se uma disputa pela alma de Tannhäuser, que é resolvida quando Wolfram pronuncia enfaticamente o nome de Elisabeth. Nos bastidores, um coro anuncia que ela acaba de morrer. Mas sua intercessão redimira Tannhäuser, fazendo Vênus, vencida, desaparecer. Conduz-se o caixão de Elisabeth, e Tannhäuser, invocando a santa para que interceda por ele, cai sem vida. As últimas linhas do "Coro dos Peregrinos" narram um milagre: o báculo do papa floresceu, a alma de Tannhäuser está salva.

Tristão e Isolda

Ato I

O primeiro ato passa-se no convés do navio de Tristão, que atravessa da Irlanda para a Cornualha. O subir do pano revela uma construção semelhante a uma tenda no convés de proa do navio, com Isolda recostada num divã, o rosto enterrado em almofadas. Um jovem marinheiro canta "como do alto de um mastro" uma canção à capela sobre a amante irlandesa que deixara em terra. Isolda, que vem sendo trazida para a Cornualha aos cuidados de Tristão, é a noiva prometida ao rei Mark, tio de Tristão. Ela toma a referência à "donzela irlandesa" na canção como um insulto pessoal. Quando Brangäne, sua aia e confidente, lhe diz que breve aportarão na Cornualha, Isolda se revolta contra a sua "raça degenerada", que tão facilmente sucumbiu ao inimigo. Brangäne tenta em vão acalmá-la.

Na segunda cena, vê-se toda a extensão do navio. À popa está Tristão, pensativo, com seu fiel valete, Kurwenal, reclinado a seus pés. Isolda manda Brangäne chamar Tristão para lhe fazer companhia. O tímido pedido feito de Brangäne é cortesmente desprezado por Tristão; quando ela repete a ordem de Isolda, a negativa de Kurwenal é áspera. Ele segue ironizando a execução por Tristão do noivo de Isolda, Morold, que viera da Irlanda registrar impostos da Cornualha.

Confusa, Brangäne volta a Isolda, que mal consegue conter sua ira (cena 3). Isolda conta como Tristão, ferido e disfarçado como "Tantris", procurou-a para que ela o curasse, e como ela o reconheceu como o assassino de Morold. Mas ela teve misericórdia e desistiu de matar Tristão por vingança, o que ela agora lamenta amargamente. Brangäne lembra a Isolda as poções mágicas de sua mãe, porém ela só pensa em vingança e seleciona a beberagem mortal. Ruidosamente, Kurwenal diz às senhoras que se preparem para o desembarque (cena 4), mas Isolda insiste em ter com Tristão antes de chegarem, pois quer "perdoá-lo". Tristão vem e Isolda lhe diz que desmascarou o seu disfarce como "Tantris" e exige vingança. Ele lhe oferece sua espada, mas Isolda faz sinal a Brangäne que lhe traga a poção. Dá a taça a Tristão, que a bebe. Com receio de uma nova traição, ela arranca a taça de suas mãos e também bebe da poção. Porém Brangäne, em desespero, substituíra a bebida mortal por um filtro de amor. Tristão e Isolda se abraçam em êxtase, enquanto a aia olha, horrorizada. O navio chega ao porto, as emoções confusas são realçadas por fanfarras e júbilo geral.

Ato II

A cortina sobe, e vê-se um jardim com grandes árvores no parque do castelo do rei Mark, na Cornualha; num dos lados estão os aposentos de Isolda, e diante da porta arde uma tocha. Ouvem-se toques de trompa, que gradualmente se afastam, significando a partida do rei Mark e seus cortesãos para caçar. A cautelosa Brangäne lembra sua senhora de que as trompas ainda são audíveis, mas tudo que Isolda escuta são os sons da tépida noite de verão. A aia a adverte ainda para que, em sua impaciência para ver Tristão, não se esqueça de Melot, supostamente amigo de Tristão, que, segundo ela, organizou a caçada noturna como uma armadilha. Isolda desconsidera essas suspeitas e ordena a Brangäne que apague a tocha – o sinal para que Tristão venha. Brangäne obedece, lamentando ter trocado as poções. Isolda lança a tocha ao chão, manda Brangäne vigiar no alto da torre e aguarda impaciente por Tristão. Ele irrompe no jardim (cena 2), e os dois se abraçam em êxtase.

Tristão leva Isolda até um canteiro de flores, onde cantam seu principal dueto de amor, o qual é pontuado pela "Canção de Vigília" de Brangäne no alto da torre. É viva a paixão que pulsa na música, mas, no momento decisivo, ouve-se o grito de Brangäne quando o rei Mark, Melot e os cortesãos entram. Muito emocionado, o rei interroga Tristão; sem receber uma resposta direta, lança-se num longo monólogo de reprovação. Por fim Tristão lhe diz que não há respostas às perguntas do rei. Sente que não pertence mais a este mundo e convida Isolda a adentrar o reinado da noite com ele; ela concorda, e ele a beija na testa. Nesse momento, Melot, cujos atos, conforme Tristão, tinham como motivo seu amor por Isolda, desembainha a espada. Tristão também puxa a sua, mas deixa-se ferir.

Ato III

Ao subir do pano vê-se o castelo de Tristão na Bretanha. Ele jaz adormecido sob uma árvore, enquanto Kurwenal, infeliz, se debruça sobre ele. Nos bastidores o corne inglês toca um melancólico canto de pastor. O pastor surge sobre a murada do castelo. Kurwenal pede-lhe uma melodia alegre caso veja o barco de Isolda no horizonte. "Öd und leer das Meer!" ("Oh mar, vazio e desolado!"), responde o pastor, continuando a sua triste melodia. Para a alegria de Kurwenal, Tristão acorda e pergunta onde está; o valete responde que estão no castelo da família, Kareol. Lenta e dolorosamente, Tristão retoma a consciência. Percebe vagamente que retornou do reino distante da noite infinita, onde vislumbrou a aniquilação. Isolda permanece na clara luz do dia, mas ele chega a ansiar a extinção da tocha e de sua união.

Kurwenal informa que mandou buscar Isolda, e Tristão, em sua imaginação febril, vê o navio se aproximar. Seus gritos ansiosos para que Kurwenal procure o navio são respondidos pelo corne inglês que ainda toca a triste canção do pastor. O delírio prossegue, e Tristão lembra ter ouvido aquela canção em sua infância, quando seu pai e sua mãe morreram. Ele torna a desfalecer e, preocupado, Kurwenal busca sinais de vida nele. Tristão volta a acordar e, na última e mais sublime fase de seu delírio, imagina Isolda vindo sobre a água em seu encontro. Agora uma alegre melodia no corne inglês confirma que se avistou o navio. Kurwenal sobe correndo a torre de vigia e relata a aproximação do navio. Ele vê Isolda desembarcar e corre a seu encontro (cena 2). Enquanto isso Tristão, numa febril excitação antecipando sua chegada, desfizera as ataduras de suas feridas.

Isolda entra, apressada, para que Tristão morra em seus braços. O pastor informa a Kurwenal que vem chegando um segundo navio (cena 3), e eles tentam obstruir o portão com uma barricada. Chega Brangäne, seguida por Melot, que é atingido mortalmente por Kurwenal. O rei Mark e seu séquito também aparecem. Ignorando os apelos do rei, Kurwenal se lança sobre eles; mortalmente ferido, expira aos pés de Tristão. O rei, que viera conceder Isolda a Tristão, lamenta a cena de morte e destruição. Em sua Liebestod (que Wagner preferia chamar de Transfiguração), Isolda enfim une-se, misticamente, a Tristão, caindo transfigurada sobre seu corpo.

Os mestres cantores de Nuremberg

Ato I

Ao abrir do pano, vê-se o interior da igreja de Santa Catarina, onde a congregação canta um forte coral em dó maior (criado por Wagner). Walther tenta ansiosamente se comunicar com Eva. Terminado o serviço religioso, a igreja se esvazia e ele pode se dirigir a ela, desejoso de saber se é comprometida. Sua aia, Magdalene, responde que Eva se casará com o mestre cantor que ganhar o concurso do dia seguinte. Elas partem e ele fica na igreja para aprender as regras dos mestres cantores com David, um discípulo de Sachs e a paixão de Magdalene.

Na cena 2, David, depois de ser caçoado por seus colegas, principia a iniciação de Walther nos segredos da arte de seu mestre; uma canção bem formulada é como sapatos bem-feitos, diz ele. A catalogação das melodias que devem ser aprendidas, assim como as regras adequadas, confunde Walther, mas ele sabe que sua única chance de conquistar Eva é compor uma canção de mestre. Os aprendizes, que haviam errado na montagem do palco, consertam seu trabalho sob a supervisão de David.

Entra Pogner, pai de Eva, acompanhado por Beckmesser, o escrivão (cena 3). Pogner aceita Walther na guilda, embora surpreso com tal desejo. Kothner confere a presença dos participantes, e Pogner então anuncia o prêmio que oferecerá ao vencedor do concurso do dia seguinte. Ele explica que em outras partes da Alemanha os cidadãos de sua classe são considerados avarentos e diz que quer desmenti-lo oferecendo ao vencedor do concurso todos os seus bens e a mão de sua única filha, Eva. No entanto, quando ele impõe como condição que ela aprove o eleito, nem todos os mestres concordam. Por outro lado, a proposta de Sachs para que o vencedor seja eleito pelo homem do povo (usando-se seu bom senso e instintos naturais para revitalizar as regras tradicionais) é ridicularizada pelos demais mestres.

Pogner apresenta Walther. Quando lhe perguntam sobre seu professor, Walther responde com a canção "Am stillen Herd" ("Ao pé da tranqüila lareira"), na qual diz que aprendeu a sua arte com Walther von der Vogelweide e com a natureza. Beckmesser sai para a cabine do "marcador", a postos para julgar a pretensão formal do jovem cavaleiro de se tornar membro da guilda. Kothner lê em voz alta as regras da *Tabulatur.*

Para a sua "Canção do Prêmio", Walther escolhe como tema a ordem do "marcador": "Fanget an! So rief der Lenz in den Wald" ("Comece! Assim a primavera gritou na floresta"). A canção, que celebra apaixonadamente as alegrias da primavera e do amor, não é bem recebida pelos mestres. O som do giz de Beckmesser na lousa faz Walther explodir, irritado, contra o inverno invejoso que espreita numa moita de espinhos.

Beckmesser lidera o coro contrário a Walther; apenas Sachs louva a originalidade do rapaz. Numa grave quebra de protocolo, Walther sobe numa cadeira para terminar sua canção. O burburinho aumenta: por esmagadora maioria, os mestres lhe negam ingresso na guilda, enquanto os aprendizes se divertem com a confusão. Walther se retira do palco com um gesto que indica orgulho e desprezo, deixando Sachs contemplando a cadeira vazia.

O pano se abre, revelando uma rua em Nuremberg e uma estreita viela que sai dela. Vêem-se duas casas nas esquinas: à direita a mansão de Pogner, sob uma tília, à esquerda a casa de Sachs, mais simples, sob um sabugueiro. Os aprendizes novamente atormentam David, e Magdalene lhe pergunta como o admirador de Eva se saiu na prova de admissão na escola de cantores; fica desconsolada com a resposta. Sachs chega e manda que David prepare o seu local de trabalho próximo à janela. Pogner e Eva retornam de uma caminhada vespertina e sentam-se sob a tília. Com certo atraso, Pogner percebe que as perguntas de Eva sobre o jovem cavaleiro são mais que mera curiosidade.

Quando Eva entra para a casa com o pai, Sachs traz sua bancada para a rua. Deliciado com o perfume do sabugueiro, ele canta "Was duftet doch der Flieder", conhecida como o "Monólogo do Sabugueiro", uma preciosa evocação das alegrias da primavera.

Eva se aproxima da bancada de Sachs (cena 4), e os dois entabulam um longo e elaborado diálogo, em que a jovem busca saber quem será o provável vencedor da competição. Sachs se esquiva de suas perguntas, até que Magdalene entra para dizer a Eva que seu pai a está chamando e que Beckmesser pretende fazer uma serenata para ela.

Walther surge da esquina (cena 5) e canta com Eva um apaixonado dueto, sem saberem como driblar as condições que Pogner impôs para a mão de Eva. Walther sugere que fujam, mas se empolga ao falar de seu desprezo pelas pedantes regras dos mestres e acaba sendo interrompido pela trompa do vigia noturno. Nesse ínterim, Eva entrara em casa com Magdalene e reaparece agora, tendo trocado de vestes com a ama.

Eva e Walther se preparam para a sua fuga quando Sachs, que compreendera o que estava acontecendo, usa sua lâmpada para iluminar a aléia onde os namorados estão. Eles hesitam e logo o som de Beckmesser afinando seu alaúde os paralisa. Walther decide cobrar explicações do marcador, mas é impedido por Eva, que o persuade a aquietar-se sob a tília até que Beckmesser termine sua canção. Mas Sachs tem outros planos, e inicia uma forte e barulhenta canção de sua autoria, "Jerum! Jerum!", intercalada por referências à Eva bíblica e à arte da sapataria, logo percebidas por quem a ouve. Mas Beckmesser não tem tempo nem disposição para delicadezas poéticas; quando vê a musa de sua serenata aparecer na janela (na verdade trata-se de Magdalene com as roupas de Eva), ele suplica a Sachs para se calar. Lembrando-lhe que não era a primeira vez no dia que ele criticava suas habilidades, Sachs sugere que, enquanto Beckmesser faz sua serenata, ele Sachs seja o "marcador", apontando os erros com seu martelo de sapateiro. O martelar de Sachs e as tentativas de Beckmesser de se fazer ouvir atrai o povo para a rua. Segue-se um tumulto (cena 7) no qual David surra Beckmesser, pensando que este fazia a corte a Magdalene. No auge da confusão, ouve-se novamente a trompa do vigia noturno. Quando ele chega, todos já se dispersaram.

Ato III

O último ato começa na oficina de Sachs. David entra e de início é ignorado por Sachs, imerso em pensamentos. Em seguida, no entanto, ele lhe pede que cante os versos sobre a festa de São João, comemorada no solstício de verão. Com a cabeça ainda nos acontecimentos da noite anterior, David começa sua cantiga com a melodia da serenata de Beckmesser, tendo que recomeçar. Então, com atraso, compreende que esse é o santo padroeiro de seu mestre (Hans = João). Quando o aprendiz se vai, Sachs retorna para sua meditação filosófica sobre a insensatez da humanidade: "Wahn! Wahn! Überall Wahn!" (O conceito de "*Wahn*", que inclui as idéias de ilusão, insensatez e loucura, jaz no cerne do *Die Meistersinger*.)

Walther aparece e diz que teve um sonho maravilhoso. Sachs o encoraja a contá-lo, pois pode ser a chave para que ganhe o concurso. Interessado no amor, Walther cede, e principia sua "Canção do Sonho Matinal" – que viria a ser a canção premiada: "Morgenlich leuchtend im rosigen Schein" ("Como é radiante o róseo fulgor da aurora"). Ele cria uma *Stollen*, ou estrofe, e logo depois, incentivado por Sachs, uma outra similar, seguida por uma *Abgesang* (pós-canção). Sob a supervisão de Sachs, compõe ainda mais três estrofes.

Na cena 3, Beckmesser entra sozinho na oficina. Vem mancando, tropeçando e com terríveis lembranças e fantasias, depois da surra que levara na véspera. Sobre a mesa vê a folha de papel com a canção que Walther acabara de escrever, e, quando nota que Sachs entra, põe o papel no bolso. Em breve ele a exibe como prova de que Sachs pretende competir no dia seguinte, mas o sapateiro nega tal intenção e oferece-lhe a canção. Com isso enfraquece as suspeitas de Beckmesser, que se retira, encantado, para memorizar a canção.

Entra Eva (cena 4) e, pretextando um problema com os sapatos novos que Sachs lhe fizera, expõe suas angústias com relação a Walther e o concurso que se aproxima. Sachs finge não entender e não perceber a entrada de Walther, apesar do grito apaixonado de Eva e da vibrante mudança de sonoridade da orquestra. Walther entoa a última parte de sua canção e Eva, aos prantos, soluça no ombro de Sachs até que este se esquiva praguejando a sorte de um sapateiro. Eva, emocionalmente dividida, volta a se atirar nos braços de Sachs. Este lhe recorda a história de Tristão e Isolda e diz que não quer para si o papel do rei Mark. Entram Magdalene e David, e Sachs, com um tapa na orelha de David, anuncia que ele foi promovido a artífice, bem a tempo de assistir ao batismo de uma "criança". O rebento, logo fica claro, é a nova canção de Walther, que é consagrada no famoso quinteto que se segue.

O cenário agora é uma ampla pradaria sobre o rio Pegnitz (cena 5). Todo o povo da cidade está ali e saúda a procissão das guildas: à frente os sapateiros, seguidos por alfaiates e padeiros. Um barco traz as "jovens de Fürth", e os aprendizes começam a dançar com elas (David reluta a princípio, mas logo se deixa envolver).

Por fim chegam os mestres. Sachs é cumprimentado pela multidão com as mesmas palavras que o Hans Sachs usara para saudar Lutero e a Reforma: "Wach auf, es nahet gen den Tag" ("Acordai, o dia se aproxima"). O Sachs da ópera recebe com modéstia a homenagem e conclama o povo e os mestres a darem o devido valor ao concurso e ao prêmio; o primeiro a subir ao palco é Beckmesser, que vem tentando desesperadamente decorar a canção de Walther. Ao som da melodia de sua serenata, executa a canção com falsos acentos e violações da métrica, mas é a adulteração que ele faz da letra – uma paródia de mau gosto da canção original – que faz a audiência rir. Ele se confunde cada vez mais, aumentando o ridículo de sua situação, e termina correndo do palco, anunciando Sachs como o autor da canção.

Sachs recusa o crédito e apresenta o homem que dará sentido à canção: Walther a canta e, por unanimidade, é eleito vencedor. Quando Pogner lhe oferece o colar de mestre, Walther é petulante o bastante para o recusar; Sachs, então, discursa sobre a arte que os mestres cultivaram e preservaram ao longo da tumultuada história da Alemanha. Ele termina celebrando o soberano espírito alemão: alega que tal espírito jamais poderá ser exterminado enquanto se respeitar a grande arte alemã que o sustenta. O coro se junta a ele para uma apoteose final da "sagrada arte alemã".

O ouro do Reno (do ciclo **O anel dos nibelungos**)

Prelúdio e Cena 1

A ação começa no fundo do Reno. As três ninfas desse rio, Woglinde, Wellgunde e Flosshilde, brincam nas ondas, provocando e perseguindo umas às outras. Flosshilde censura suas irmãs por descuidarem da vigilância sobre o "ouro adormecido". Nesse ínterim o anão Alberich emergira de uma fenda escura e, após observar as ninfas em suas brincadeiras, grita chamando-as. De início elas fogem de sua horrível aparência, mas em seguida resolvem reagir a suas lúbricas investidas, dando-lhe uma lição. Woglinde o chama, mas ele escorrega nas rochas ao chegar mais perto. Ele tenta abraçá-la, mas ela escapa, pulando entre as rochas. Alberich então desiste de Woglinde e volta suas atenções para Wellgunde, que parece encorajá-lo mas logo zomba de seu corpo peludo e sua corcunda. Também ela lhe foge, mas a terceira ninfa, Flosshilde, parece oferecer-lhe consolo, louvando sua voz doce e encantos físicos. Segurando-o em seus braços, ela murmura elogios a seus cabelos, sua aparência de sapo e sua voz rascante. Alberich dá-se conta do logro e se lamenta, frustrado. As Ninfas do Reno continuam a provocá-lo, e ele faz um último e desesperado esforço para pegá-las. Então vê um brilho dourado que se reflete por toda a água. As ninfas saúdam o ouro brilhante e nadam em volta da rocha em extático abandono. Hipnotizado pela visão, Alberich pergunta o que é aquilo. É-lhe dito que este é o ouro do Reno, com o qual se pode fazer um anel que dará poderes ilimitados ao seu dono. Somente aquele que renunciar ao poder do amor poderá esculpir o anel, acrescenta Woglinde – o que faz com que elas não temam o lascivo anão. Porém Alberich escala a rocha central, amaldiçoa o amor e, com uma incrível força, arranca o ouro e foge com ele, ignorando os gritos de desespero das ninfas.

Cena 2

Wotan, o senhor dos deuses, e sua esposa Fricka dormem ao relento no alto de uma montanha. Ao fundo, uma magnífica fortaleza reluz à aurora. Fricka acorda e, ao ver a fortaleza, desperta o marido. Wotan entoa um peã à obra terminada, mas Fricka lembra a ele que sua irmã Freia, a deusa do amor, fora oferecida como pagamento para os gigantes. Wotan a acalma. Fora ela quem pedira que a fortaleza fosse construída, diz ele; ela alega que apenas queria uni-los mais. Ela o censura por trocar o amor e virtudes por poder e dominação. Lembrando-lhe que um dia ele penhorara o único olho que lhe restava para poder cortejá-la (penhor que nunca lhe cobraram), Wotan diz que nunca teve a intenção de entregar Freia.

"Então proteja-a agora", responde Fricka quando Freia entra, em pânico, perseguida pelos gigantes Fasolt e Fafner. Wotan se pergunta onde estaria Loge, o deus do fogo, com quem contava para livrar-se do contrato. Fasolt exige o pagamento, insiste em ter Freia, mas Wotan diz-lhe que peça outra recompensa. Indignado, o gigante lhe lembra que as runas em sua lança simbolizam os contratos com ele feitos, que legitimam seu poder. Fafner, o outro gigante, tem menos interesse na beleza de Freia e considera que, se ela for raptada, os deuses vão definhar e morrer, privados das maçãs que crescem nos jardins de Freia e lhes garantem a eterna juventude.

Quando os gigantes estão para levar Freia, os seus irmãos Froh e Donner (este o deus do trovão) vêm em seu socorro. Wotan impede que Donner use da força e fica aliviado ao ver que Loge enfim chega. Este informa que estava testando a obra dos gigantes, e Wotan pergunta o que pode oferecer-lhes em pagamento. Loge conta que correu o mundo tentando descobrir o que os homens prezam mais que as virtudes femininas. Ninguém estaria disposto a desistir do amor, exceto um homem, um anão nibelungo, que roubara o ouro do Reno após ver rejeitadas as suas investidas sexuais. Loge pede a Wotan que recupere o ouro e o devolva aos cuidados das ninfas do Reno. Fasolt e Fafner, atentos, perguntam que finalidade teria o ouro. Quando Loge explica que um anel feito com esse ouro daria poder absoluto a quem o tivesse, Wotan começa a cobiçá-lo. Fricka, querendo o ouro como adorno, incentiva Wotan a buscá-lo. Loge sugere que ele o roube e Fafner exige que o entregue a eles como pagamento; até lá, manterão Freia como refém.

Os gigantes saem arrastando Freia, e uma névoa baixa sobre os deuses – que, sem as maçãs douradas de Freia, começam a definhar. Com Loge, Wotan desce por um poço sulfuroso em busca do ouro.

Cena 3

Nas profundezas de Nibelheim, Alberich tortura seu irmão Mime, mais fraco, exigindo que lhe entregue o Tarnhelm (elmo) mágico que o obrigara a forjar. Tornado invisível pelo Tarnhelm, Alberich surra o indefeso Mime. Pouco depois, Alberich sai e chegam Wotan e Loge, que oferece ajuda a Mime e fica sabendo como a antes despreocupada raça dos ferreiros nibelungos é escrava de Alberich desde que ele fez o anel com o ouro do Reno.

Alberich volta, chicoteando seus escravos para que empilhem o ouro. Ele agita o anel, e os escravos se dispersam. Alberich, então, atenta para os estranhos. Wotan o adula, mas Loge, a princípio, lembra-lhe que, um dia, foi o calor de seu fogo que o aqueceu. Desdenhosamente, o anão repele essa pretensa amizade, se vangloria do poder que agora tem, obtido pela renúncia ao amor, e ameaça vencer os deuses um dia e subjugar suas mulheres. Então Loge passa a lisonjeá-lo e pergunta como, mesmo sendo tão poderoso, poderia se proteger de um ladrão noturno. Alberich mostra-lhes o Tarnhelm, e Loge exige uma demonstração. O anão se transforma num dragão, e Loge finge estar apavorado. Diz que aquilo fora realmente impressionante, mas será que Alberich seria tão hábil a ponto de se transformar em algo pequeno como um sapo? Alberich, claro, o faz, e é pego pelos deuses, que o amarram e o arrastam para a superfície.

Cena 4

De volta ao alto da montanha, Loge e Wotan caçoam de Alberich e suas pretensões de dominar o mundo. Se quiser ser libertado, ele terá de entregar o ouro. O anão concorda – tencionando guardar o anel, que ele sabe que poderá ser usado para criar mais riqueza. Como sua mão direita está solta, ele usa o anel para chamar os nibelungos, que trazem o ouro. Furioso por seus escravos o verem prisioneiro, Alberich os ameaça com todos os castigos se não retornarem imediatamente ao trabalho. Ele beija o anel, e os escravos fogem apavorados.

Alberich exige a devolução do Tarnhelm, mas Loge atira-o sobre a pilha de ouro. Alberich pensa que pode mandar fazer outro, mas, para seu horror, Wotan exige o anel em seu dedo. "Minha vida, mas não o anel!", ele suplica. Inabalável, Wotan lhe lembra que o anel fora roubado das ninfas do Reno. Alberich, com amargura, expõe a hipocrisia de Wotan, dizendo-lhe que ele também teria roubado o ouro se soubesse fazer o anel; além do mais, argumenta, ele, Alberich, só pecara contra si próprio.

Wotan então arranca o anel do dedo de Alberich e se compraz de possuí-lo. Prostrado, Alberich é solto, mas, antes de se retirar, lança uma maldição sobre o anel: trará angústia e morte a quem quer que o possua; quem o tiver será atropelado por tormentos, e aqueles que não o tiverem, consumidos pela inveja.

Donner, Froh e Fricka saúdam a volta de Wotan e Loge, que exibem o resgate de Freia: a pilha de ouro. A atmosfera se torna mais leve quando Freia retorna com o gigante. Fasolt reluta em entregá-la e insiste que a pilha de ouro seja arrumada de modo a esconder Freia. Loge e Froh empilham o tesouro, preenchendo todos os espaços, mas Fafner ainda pode ver o cabelo de Freia: o Tarnhelm tem que ser acrescido ao monte de ouro. Fasolt também consegue ver os olhos dela brilharem por uma fresta, e Fafner exige que o anel, no dedo de Wotan, seja usado para tapá-la. Loge dá a entender que Wotan vai devolvê-lo às ninfas do Reno, mas este cala a todos: não entregará o anel a ninguém. Os gigantes ameaçam levar Freia de novo, e todos os deuses pedem a Wotan que reconsidere. Ele permanece irredutível, até que, envolta numa luz azul, aparece Erda, a deusa da terra, vinda de uma caverna. Ela adverte Wotan que ficar com o anel o condena a uma irremediável e sombria perdição. Um mau dia nascerá para os deuses: ele deve desistir do anel.

Erda desaparece, e Wotan decide ceder. Atira o anel sobre a pilha de ouro, quando Fafner começa a removê-lo. Fasolt, então, reclama a sua parte, e Fafner responde que ele estava mais interessado em Freia. Wotan evita se envolver, mas Loge aconselha Fasolt que abra mão do tesouro e fique com o anel. Há uma luta pelo anel, e Fafner mata o irmão. Horrorizado, Wotan se dá conta do poder da maldição.

Os deuses se preparam para entrar na fortaleza. Donner brande o seu martelo e surgem o trovão e o raio. Súbito as nuvens sobem e vê-se uma ponte em arco-íris, estendendo-se do vale até a fortaleza. Wotan convida sua esposa a entrar com ele na fortaleza, que chama de Valhalla. Enquanto o casal, seguido por Froh, Donner e Freia, caminha para a ponte, Loge observa com indiferença. Do fundo do vale vêm as lamentações das ninfas do Reno, chorando o ouro perdido. Wotan as ignora e lidera os deuses por sobre a ponte, ao cair do pano.

A valquíria (do ciclo **O anel dos nibelungos**)

Prelúdio e Ato I

O Prelúdio orquestral é uma violenta tempestade, que já está mais amena quando o pano sobe. Vê-se o interior da cabana de Hunding. Siegmund entra exausto, jogando-se sobre uma pele de urso, onde Sieglinde, esposa de Hunding, o encontra. Ela lhe dá água e ele, fascinado pelo rosto da mulher, pergunta-lhe onde está. "Esta casa e esta mulher são de Hunding", ela responde. Siegmund lhe diz que seu marido não o deve temer, pois ele está desarmado e ferido. Ansiosa, Sieglinde pede para ver suas feridas, mas ele a acalma, dizendo que se seu escudo e lança fossem tão resistentes quanto seu corpo, ele não precisaria ter fugido de seus inimigos.

Sieglinde lhe dá hidromel num chifre. Ao bebê-lo, Siegmund sente-se cada vez mais atraído por ela, mas, temendo trazer-lhe problemas, decide partir. "Quem o persegue?", ela pergunta. "O infortúnio me persegue em toda parte", ele diz dirigindo-se para a porta. "Então fique! Você não pode trazer a má sorte para onde ela já vive." Eles se olham longamente, emocionados. Eis que Hunding chega e pergunta quem é aquele estranho. Sieglinde explica a situação e Hunding, rudemente, lhe oferece sua hospitalidade. Enquanto Sieglinde lhes serve uma refeição, Hunding nota, contrafeito e desconfiado, o quanto o estranho e sua mulher são parecidos. Quando ele pergunta a Siegmund como fora parar ali, o estranho responde, evasivo, que a causa fora a tormenta e a necessidade extrema. Hunding insiste em saber o nome do estranho. Quando Sieglinde também se interessa por saber, ele pede que o chamem de Wehwalt ("o pesaroso"), explicando que, um dia, voltando da caçada com seu pai, Wolfe, sua casa fora queimada, a mãe, assassinada, e a irmã gêmea, raptada. Relata como se perdeu do pai e viveu sempre em conflito com a sociedade. Fora em socorro de uma jovem obrigada a casar sem amor e matara os seus brutais familiares, mas, com lança e escudo arrancados de seus braços, não pudera proteger a mulher, que morreu na sua frente. Ele teve que fugir do bando. Hunding compreende então que os homens que Siegmund atacara eram seus familiares, e que está abrigando um inimigo. As leis da hospitalidade o obrigam a acolher Siegmund por aquela noite, mas logo cedo ele terá que lutar pela própria vida.

Sieglinde põe uma droga na bebida que prepara para Hunding e se retira do recinto, lançando um último olhar a Siegmund para lhe indicar um ponto no tronco do freixo em torno do qual a sala da cabana fora construída. Sozinho com Hunding, Siegmund pensa sobre a excitação que Sieglinde lhe desperta e o apuro em que se encontra sem uma arma, lembrando que seu pai lhe garantira que, em sua hora de necessidade, encontraria uma espada. Nesse momento o reflexo da lareira ilumina, no tronco do freixo, o punho de uma espada ali cravada.

Sieglinde retorna e narra como, no dia de seu casamento com Hunding, um forasteiro de roupa cinza e chapéu enterrado sobre um dos olhos interrompera a festa ao enfiar uma espada no tronco do freixo. Nem o mais forte dos homens fora capaz de mover a espada. Com um abraço apaixonado em Sieglinde, Siegmund diz que ela é tudo o que ele sempre quis, e que tanto ela quanto a espada serão suas. De repente, a porta da frente se abre e vê-se uma bela noite de primavera e lua cheia. Siegmund compara a Primavera e o Amor a um irmão e uma irmã, e Sieglinde responde que ele é a primavera pela qual ela tanto esperou. O restante do ato é uma enlevada declaração desse amor. Ele admite que Wehwalt não é mais um nome adequado, e ela então lhe chama Siegmund ("guardião da vitória"). Para alegria dos dois, ele tira a espada do tronco, e Sieglinde afirma que com isso ele conquistou uma irmã e uma noiva. Eles se abraçam apaixonadamente, e a cortina desce.

Ato II

No alto de uma montanha rochosa, Wotan orienta sua filha Brünnhilde, a valquíria que dá nome à ópera, a se certificar de que Siegmund vença o embate com Hunding. Ela lança o grito de guerra das valquírias, mas o alerta de que há outra batalha antes, pois Fricka, sua esposa, vem chegando furiosa, numa carruagem puxada por carneiros. Brünnhilde desaparece e Fricka entra, brava mas com dignidade. Na condição de guardiã do casamento, recebera um apelo de Hunding para punir o adúltero casal de Wälsung. Wotan lhe pergunta que mal eles haviam feito, e argumenta que são apenas unidos pelo amor. Quando ela lhe diz que ambos quebraram as promessas de casamento, ele responde que não respeita votos que obrigam a uma união sem amor.

Fricka então ataca a natureza incestuosa da relação dos gêmeos e pergunta a Wotan se não valoriza os princípios que mantêm unida a raça dos deuses. Ele replica que os deuses precisam de um herói, de alguém livre de sua proteção que seja capaz de fazer o que é impossível aos deuses. Fricka então pede-lhe que tire a espada de Siegmund, se ele não precisa de proteção, e derruba a hesitante afirmação de Wotan de que o próprio Siegmund conseguira a espada, observando que fora o próprio Wotan a fornecer a espada e a criar o momento de necessidade em que Siegmund a conquistara. Fricka faz Wotan prometer que nem ele nem sua filha valquíria protegerão Siegmund na luta. Ouve-se o grito de guerra de Brünnhilde, que se aproxima enquanto Wotan, desesperado, é obrigado a aceitar os argumentos de Fricka e jura atendê-la.

A sós com a filha, Wotan extravasa a raiva e a vergonha. Brünnhilde tenta fazê-lo confiar nela, porém ele receia com isso demonstrar fraqueza. Contudo, quando Brünnhilde sugere que, falando, Wotan estará se dirigindo à sua própria vontade, ele concorda e dá início à sua grande narração. Principia explicando como, passados os prazeres do amor jovem, viu-se cobiçando o poder e dominando o mundo, porém comprometido nesse processo. Depois, Alberich, o anão nibelungo, renunciara ao amor para ter o ouro do Reno, e Wotan então roubou o anel que o anão fizera com este ouro mas, em vez de devolvê-lo às ninfas do Reno, usara-o para saldar sua dívida com os gigantes.

Em seguida, Wotan visitou Erda, a fonte da sabedoria ancestral, nas profundezas da terra. Aprendeu os seus segredos quando ela deu à luz Brünnhilde, que foi criada com suas oito irmãs valquírias; elas recolhem os heróis mortos em batalhas, para servirem a Wotan no Valhalla. Wotan acredita que eles o protegerão das forças reunidas por Alberich, e o anel deve ser mantido fora do seu alcance, de qualquer jeito. De modo que agora Wotan quer, com urgência, recuperar o anel de seu atual dono: o gigante Fafner, que se transformou num dragão para ter certeza de que assim guardaria melhor o anel. Wotan, contudo, sabe não terá forças para atacar Fafner. Por isso, ele precisa de um herói especial que possa agir livremente mas que defenda seus interesses.

Brünnhilde pergunta se esse herói não seria Siegmund, do clã dos Wälsung, e Wotan afirma que Fricka acabou com tal ilusão. Agora ele precisa abandonar o que mais ama, só quer que seu sofrimento termine. Ele ouviu dizer que Alberich agora tem um filho; "que ele herde o que eu mais desprezo", diz Wotan, amargo. Agora, no embate que se aproxima, Brünnhilde precisa proteger Hunding, em vez de Siegmund. Ela tenta fazê-lo mudar de idéia, mas ele não cede e lhe faz as piores ameaças se ela desobedecer. Siegmund e Sieglinde entram afobados. Culpada, ela implora que ele a abandone, mas ele jura matar Hunding para vingar o mal que ela sofrera. Trompas ecoam na floresta, e Sieglinde, imaginando os cães de Hunding a destroçar Siegmund, desmaia. Segue-se uma cena de significado vital para o ciclo: a "Anunciação da Morte". Brünnhilde aparece para Siegmund, anunciando-lhe que deve seguir com ela para o Valhalla. Lá ele encontrará Wotan, o grande senhor da guerra, e seu pai. Mas quando ele fica sabendo que não poderá levar sua irmã-noiva, recusa-se a ir. Brünnhilde lhe diz que não pode fugir de seu destino, mas está perturbada pela devoção de Siegmund a Sieglinde, e quando ele ameaça matá-la para que os dois não se separem, Brünnhilde volta atrás e jura protegê-lo, contrariando a ordem de Wotan. Siegmund debruça-se, amoroso, sobre Sieglinde, que dorme.

Ouve-se novamente a trompa de Hunding, e segue-se a luta, em que Brünnhilde tenta proteger Siegmund com seu escudo, porém Wotan surge e com sua lança destrói a espada de Siegmund. Hunding então mata Siegmund, mas é abatido por um furioso e amargo Wotan. Em seguida, Wotan parte em perseguição a Brünnhilde.

Ato III

No "Prelúdio" e "Cavalgada das valquírias", as donzelas da guerra se reúnem no alto de uma montanha rochosa, recolhendo os heróis para o Valhalla. Percebem a ausência de Brünnhilde, que logo em seguida é vista carregando uma mulher na sua sela, em vez de um herói. Brünnhilde implora às irmãs que protejam a ela e a Sieglinde, que ela salvara do campo de batalha e da fúria de Wotan. Nenhuma das irmãs se arrisca a ajudá-la. Sieglinde quer morrer, mas, ao saber-se grávida de um Wälsung, pede a Brünnhilde que a proteja. Ela é obrigada a fugir para a floresta, portando os fragmentos da espada de Siegmund, para que um dia o seu filho possa forjar uma arma nova. Wotan surge impetuosamente, e as valquírias tentam proteger Brünnhilde. Ele caçoa do espírito fraco dela e fala de seu "crime" de deslealdade e desobediência. Brünnhilde se apresenta para o castigo: não poderá mais ser uma valquíria e será confinada, adormecida, no cume de uma montanha, para cair presa do primeiro homem que a encontrar. As valquírias protestam, horrorizadas, mas, ameaçadas de ter o mesmo fim se interferirem, fogem.

A sós com Wotan, Brünnhilde pede-lhe que tenha piedade de sua filha predileta. Conta-lhe como o Wälsung a comoveu e como decidiu protegê-lo, sabendo que era este, na verdade, o desejo de Wotan. Mas Wotan ignora suas súplicas, irado pela lembrança dos Wälsung, e mantém a intenção de cumprir o castigo que anunciara. Brünnhilde então pede que ele ao menos a poupe da desgraça de uma união ignóbil, deixando-a em meio a uma cortina de fogo que detenha qualquer homem, exceto o mais bravo dos heróis. Comovido, Wotan faz Brünnhilde levantar do chão e a abraça. Ele canta, com paixão, inspirado pelos olhos brilhantes da filha e, deitando-a sobre a rocha, beija-os, para que ela adormeça. Ele invoca Loge e, com a lança, aponta-lhe onde deve atear o fogo, ao redor da rocha. Então Wotan parte, triste.

Siegfried (do ciclo **O anel dos nibelungos**)

Prelúdio e Ato I

O cenário do primeiro ato é uma caverna rochosa na floresta. O "Prelúdio" começa com um suave toque dos tímpanos; a ele se soma um repetido motivo de duas notas, produzido por dois fagotes, sugerindo a escuridão da floresta e os ardis do anão nibelungo que nela vive, Mime. Ouvem-se outros motivos associados aos nibelungos e ao anel, e também uma surpreendente entrada do motivo da espada, antes que a cortina suba e se veja Mime martelando numa bigorna. Ele pragueja contra o árduo trabalho e suas tentativas inúteis de produzir uma espada que não possa ser quebrada pelo jovem Siegfried. Mime pensa que, se pudesse soldar os fragmentos de Nothung, a espada do pai de Siegfried, ela agüentaria qualquer golpe. E conta que o gigante Fafner se transformou num dragão para guardar o tesouro dos nibelungos. Se pudesse recriar a espada Nothung, Siegfried mataria o dragão e o anel voltaria para ele, Mime.

Entra Siegfried, vindo da floresta, trazendo um enorme urso preso a uma corda. Ele o incita contra Mime e gargalha enquanto o urso persegue o anão. Siegfried exige ver o trabalho de Mime e, ironizando mais essa tentativa, bate a espada contra a bigorna, destruindo-a. Siegfried quer saber a verdade sobre seus pais, e Mime lhe diz que, uma vez, compadecido de uma mulher que se lamentava na floresta, a trouxera para a caverna. Ela morrera no parto de Siegfried e, atendendo a seu último pedido, Mime criara o menino. Siegfried fica sabendo que sua mãe se chamava Sieglinde, mas Mime não revela o nome do pai. Siegfried exige provas da história, e Mime traz os pedaços de Nothung sob sua custódia. Empolgado, Siegfried ordena a Mime que refaça a espada e, feliz com a liberdade que ela lhe dará, corre para a floresta. Mime volta, desanimado, para a bigorna, sem esperanças.

Eis que na entrada da caverna surge Wotan, disfarçado como um andarilho, com uma lança na mão e um chapéu cuja aba cobre o seu olho vazado. Ele aposta a vida que pode responder qualquer pergunta feita por Mime. O anão pergunta o nome da raça que vive no interior da Terra: os nibelungos, dominados por Alberich. E quem vive na superfície? "Os gigantes", é a resposta. A terceira pergunta trata dos habitantes das nuvens, e o Andarilho responde que lá vivem os deuses, governados por Wotan. Então ele toca o chão com a lança e ouve-se um trovão.

Por sua vez, e exigindo as mesmas condições, o Andarilho pergunta qual a tribo preferida de Wotan, ainda que muito maltratada por ele. Mime responde com segurança: os Wälsung. A segunda pergunta refere-se ao nome da espada que será empunhada por Siegfried: Nothung, diz Mime. Porém, quando o Andarilho pergunta quem forjará a espada, Mime se apavora: não faz a menor idéia. O Andarilho o repreende por não saber a resposta, que, diz ele, é "Aquele que nunca conheceu o medo". Então o Andarilho se vai, deixando a cabeça de Mime penhorada.

Muito agitado, Mime se apavora com o fogo e vê nele a imagem do dragão. Siegfried volta, e Mime, percebendo que sua cabeça é refém do destemido Siegfried, decide ensinar-lhe a ter medo. Siegfried pede os fragmentos da espada e começa a limá-la em lascas.

Mime olha, espantado. Segue-se a "Canção da Forjadura", que invoca Nothung. Mime planeja dar a Siegfried um sonífero, logo após seu duelo com o dragão, para matá-lo, em seguida, com sua própria espada. Quando enfim termina a espada, Siegfried corta a bigorna em dois com ela.

Ato II

Alberich, que vigia a caverna de Fafner, surpreende-se com o Andarilho e, amargo, recorda como ele lhe roubara o anel. Ele pragueja contra Wotan e suas ambições de domínio do mundo, mas este se mantém calmo e até avisa ao anão que Siegfried e Mime se aproximam. Ele deixa Alberich ainda mais surpreso quando acorda Fafner e lhe pede que devolva o anel ao anão. O dragão não se altera e, após mais alguns conselhos, o Andarilho desaparece na floresta.

Mime chega com Siegfried e esclarece sobre o terrível dragão, de maldade venenosa e cauda mortal. Siegfried se interessa apenas por localizar o coração do monstro para lá enfiar sua espada. Mime sai e, ao som da música dos "Murmúrios da Floresta", Siegfried expressa o seu alívio por saber que não é filho do anão. No entanto, ele se entristece por saber que sua mãe morreu no seu nascimento. Ouvindo um pássaro cantar na floresta, o jovem tenta imitá-lo, na esperança de compreender a canção; tenta então fazer uma flauta de um cálamo, mas desiste. Em seguida toca a sua trompa, e com isso faz o sonolento Fafner sair da caverna. Os dois trocam insultos, e Siegfried crava Nothung no coração de Fafner. Em seu último suspiro, o dragão conta a Siegfried a sua história. Quando o jovem puxa a espada do coração de Fafner, seu sangue queima a mão do herói, e isso o faz levá-la à boca. Ao provar o sangue, Siegfried por fim entende a canção do pássaro, que lhe diz para retirar o anel e o Tarnhelm da caverna.

Quando Siegfried entra na caverna, Mime e Alberich aparecem em lados opostos e, zangados, começam a discutir a legítima propriedade do tesouro. Mime promete que desiste do anel em troca do Tarnhelm. A discussão termina quando Siegfried aparece com o anel e o Tarnhelm. O pássaro adverte Siegfried para ter cuidado com Mime, que o adula, embora o herói perceba que suas palavras são falsas e, com nojo, mata o anão com um golpe de Nothung. Lança o corpo de Mime na caverna e arrasta o dragão morto até a entrada.

Deitando-se sob uma árvore, ouve novamente o canto do pássaro e pede seus conselhos. O animal então conta sobre a noiva que o espera no alto da montanha, guardada pelo fogo. Siegfried imediatamente se levanta e segue o pássaro, que lhe mostra o caminho.

Ato III

O Andarilho surge ao pé de uma montanha e invoca Erda, a deusa da Terra, que acorda. Ele pede para saber mais sobre os segredos da Terra. Primeiro ela o manda consultar as Nornas, que tecem os fios do destino; depois sugere que ele procure Brünnhilde. Quando ouve que Brünnhilde está sendo castigada por sua desobediência, Erda se espanta de que Wotan, que sempre ensinou a contestar, agora resolva punir tal iniciativa. Ela deseja voltar ao seu sono, mas o Andarilho quer saber como se aliviar de suas angústias e diz a ela que não teme mais o fim dos deuses, e que, na verdade, o deseja. Sua herança pertence ao herói Wälsung, que vencerá Alberich e suas ambições, pela bondade de sua natureza. Erda mergulha de volta na terra.

Siegfried aparece, conduzido pelo pássaro, e encontra o Andarilho em sua vigília. Trocam palavras, cada vez mais ásperas, até que o Andarilho tenta impedir o caminho de Siegfried, empunhando a lança, que na mesma hora é destruída pela espada do herói. Então o Andarilho desaparece e Siegfried se vê diante da muralha de fogo.

O cenário muda para o cume rochoso do final de *A valquíria*. Siegfried escala a montanha e nota o vulto de Brünnhilde, adormecida sob as árvores. Ela tem o rosto coberto, e Siegfried a toma por um homem, mesmo depois de remover seu capacete. No entanto, quando tira seu colete, descobre que é uma mulher. Sente-se fraco, tonto, e invoca a sua mãe. Pela primeira vez sente medo, mas, apesar de tudo, quer acordá-la. Desesperado, beija os lábios de Brünnhilde, que lentamente se ergue, até sentar-se.

Ela saúda a luz do sol, e os dois abençoam a mãe que o trouxe ao mundo. Brünnhilde afirma que sempre o amou, antes mesmo de ele ser concebido. Siegfried se pergunta se ela não seria sua mãe, mas ela diz que o protegeu da fúria de Wotan, e por isso foi confinada àquela rocha. Quando Siegfried a abraça com paixão, ela o repele, apavorada, consciente de sua vulnerabilidade. Mesmo assim ela o mira com ternura e suplica que ele não destrua a pureza de seu amor. Aos poucos a paixão de Siegfried a conquista, e ela começa a admitir a atual condição de mortal. Os dois se abraçam e Brünnhilde se despede do mundo dos deuses. Transformados pelo amor, os dois invocam a "morte sorridente".

Crepúsculo dos deuses (do ciclo **O anel dos nibelungos**)

Prólogo

O cenário é o mesmo do final de *Siegfried*: o penhasco da valquíria. As três Nornas, filhas de Erda, tecem o fio do destino. A primeira conta que, uma vez, muito tempo antes, ela tecia à sombra do Freixo do Mundo quando Wotan veio beber no Poço da Sabedoria, penhorando um de seus olhos. Ele então cortara o tronco da árvore para esculpir sua lança, e com isso a árvore definhara e morrera. A segunda Norna fala de um corajoso herói que partiu a lança de Wotan numa batalha; o deus então ordenou que os heróis do Valhala cortassem o Freixo em pedaços. E a terceira Norna descreve como as toras do Freixo foram empilhadas ao redor do Valhalla; um dia elas se incendiarão e o fogo consumirá a fortaleza. Deuses e heróis esperam esse dia. A primeira Norna vê o fogo que cerca o penhasco da valquíria e comenta que Loge cumpre a ordem de Wotan. Uma visão de Alberich com o anel roubado angustia as Nornas – e a corda que tecem se rompe.

Elas mergulham na terra, a aurora raia e Siegfried e Brünnhilde saem da caverna onde estavam ao final de *Siegfried*. Brünnhilde manda Siegfried para seus feitos de glória, pedindo que ele não esqueça o seu amor. Como prova de sua fidelidade, ele lhe dá o anel, recebendo em troca Grane, o cavalo de Brünnhilde. O casal canta seu amor inquebrantável, e Siegfried principia a descida do Reno.

Ato I

Gunther, o chefe do clã dos Gibichungs, está no trono de seu palácio, ao lado de sua irmã Gutrune. Ele pergunta a Hagen, seu meio-irmão, por sua reputação, e Hagen responde que ele estaria melhor se encontrasse uma esposa, e Gutrune, um marido. Hagen fala de Brünnhilde, que jaz numa montanha cercada pelo fogo, e que apenas Siegfried, o herói, poderá conquistá-la. Conta então como Siegfried matou o dragão e sugere que o herói poderia obter a noiva para Gunther, desde que antes fosse conquistado por Gutrune. Hagen lembra aos dois que eles possuem uma poção que faria Siegfried esquecer qualquer outra mulher.

Ouve-se a trompa de Siegfried, a quem acolhem. Hagen pergunta pelo tesouro nibelungo e Siegfried conta que o deixou na caverna de Fafner, trazendo somente a peça metálica que vêem em seu cinturão. Hagen reconhece o Tarnhelm e explica que ele torna invisível quem o usa. Quando Siegfried conta que deu o anel a uma mulher maravilhosa, Hagen murmura para si o nome de Brünnhilde. Gutrune volta com a poção mágica e Siegfried, ironicamente, bebe à memória de Brünnhilde e seu amor. Imediatamente sente-se atraído por Gutrune, e sem perda de tempo afirma que deseja desposá-la.

Siegfried então se oferece para conquistar uma esposa para Gunther e fica claro, quando lhe falam de Brünnhilde cercada pelo fogo, que ele não tem mais que uma remota lembrança dela. Siegfried sugere usar o Tarnhelm para, disfarçado como Gunther, trazê-la de volta. Segue-se um juramento de sangue, do qual Hagen se abstém. Siegfried principia a subida do rio, acompanhado por Gunther. O sombrio Hagen permanece guardando o palácio, satisfeito com o bom rumo de seu plano para tomar o poder.

Nesse ínterim, no penhasco da valquíria, uma feliz Brünnhilde, sentada à entrada da caverna, reflete sobre o anel deixado por Siegfried. Com raios e trovões chega sua irmã Waltraute, num cavalo alado. Brünnhilde a recebe com tanta alegria que não percebe a agitação da irmã; será que Wotan a perdoou? Waltraute afirma que desobedeceu Wotan indo ter com Brünnhilde, mas que infelizmente não há mais razão para temê-lo. Conta que Wotan, como o Andarilho, voltou ao Valhalla com a lança em pedaços e deu ordens aos heróis para que empilhassem as toras do Freixo do Mundo, e que os deuses agora esperam o próximo acontecimento, ansiosos e com medo, e, ainda, que Wotan quer que o anel seja devolvido às ninfas do Reno. E era para persuadir Brünnhilde a devolver o anel que Waltraute estava ali.

Brünnhilde fica pasma com o que a irmã lhe contou, e Waltraute pede que ela se desfaça do anel. Ela se recusa a sequer considerar a hipótese de abrir mão do símbolo do compromisso de Siegfried e manda a irmã voltar ao Valhalla e informar isso aos deuses. Waltraute parte numa nuvem tempestuosa, que logo se dissipa, dando lugar a um entardecer claro e pacato. Então as labaredas crepitam com força ao redor do penhasco e Brünnhilde ouve a trompa de Siegfried. Ela corre ansiosa para vê-lo e se horroriza ao se deparar com um estranho – Siegfried disfarçado como Gunther. O estranho a toma como esposa, tira o anel de seu dedo, com violência, e a empurra para a caverna, onde passarão a noite, pondo a espada simbolicamente entre eles.

Ato II

Sentado diante do palácio dos Gibichungs, meio adormecido, Hagen é visitado por seu pai, Alberich, que o incita a pegar o anel, o que ele pretende fazer, mas sem jurar fidelidade a ninguém exceto a si mesmo. Rompe a aurora e Siegfried volta, agora sem disfarces. Ele explica que Gunther vem em seguida com Brünnhilde e relata como tornou a enfrentar o fogo e vencer Brünnhilde. Então, secretamente, Siegfried trocara de lugar com Gunther e, com o poder mágico do Tarnhelm, voltara instantaneamente. À distância avista-se o barco de Gunther, e Gutrune pede a Hagen que conclame o povo a assistir ao casamento.

Tocando sua trompa, Hagen convoca os vassalos, que acorrem de todas as direções e ficam muito felizes quando descobrem que, dessa vez, Hagen os chama para uma celebração, e não para a guerra. Erguendo suas armas, batendo-as umas nas outras, saúdam Gunther, que tem à sua frente Brünnhilde, com os olhos baixos. Ele cumprimenta Siegfried e passa a noiva aos cuidados de Gutrune. É um violento espanto a reação de Brünnhilde quando ouve o nome de Siegfried. Teria ele esquecido sua noiva?! Vendo o anel no dedo de Siegfried, quer saber como ele o conseguiu, se Gunther o arrancara dela. As pessoas presentes ficam confusas, mas Siegfried diz simplesmente que ganhou o anel na luta com o dragão. Brünnhilde se revolta contra os deuses, por permitirem que Siegfried a tivesse traído, e informa que Siegfried é seu marido. Ele explica como conquistou Brünnhilde para Gunther e como manteve a espada entre eles durante a noite. Mas Brünnhilde retruca que a espada ficou pendurada na parede e que seu dono a cortejou. Pressionado por Gunther e pelos presentes a provar sua inocência, Siegfried jura pela ponta da lança de Hagen que não traiu seu "irmão de sangue". Irada, Brünnhilde jura pela mesma ponta da lança que Siegfried está mentindo. Ele convida a todos para a festa de casamento e, tomando Gutrune pelo braço, se encaminha para o palácio.

Sozinha com Gunther e Hagen, Brünnhilde chora a traição de Siegfried. De início desdenha a oferta de Hagen de vingá-la, dizendo que o herói o faria em pedaços sem dificuldades. Mas logo confidencia que as costas de Siegfried seriam vulneráveis: ela jamais lhe dotara de proteção ali porque ele nunca daria as costas a um adversário.

Gunther lamenta a própria desgraça, mas inicialmente reage com horror à proposta de Hagen para atingir Siegfried pelas costas. Contudo, persuadido pela promessa de ter o anel, ele concorda, e juntos resolvem que dirão a Gutrune que Siegfried foi morto por um javali durante uma caçada. Gutrune e Siegfried ressurgem na porta do palácio e o cortejo nupcial se forma.

Ato III

O cenário é uma floresta selvagem, tendo em primeiro plano um vale rochoso, à beira do Reno. As Ninfas do Reno brincam no rio e cantam o ouro perdido. Ao ouvirem a trompa de Siegfried, pensam que ele vem lhes devolver o anel. Siegfried, que em verdade havia se perdido, encontra casualmente as Ninfas, que alegremente lhe pedem o anel que ele traz no dedo. Ele recusa, logo em seguida concorda, mas, quando as Ninfas do Reno lhe falam dos perigos causados pelo amaldiçoado anel, diz que não cederá a ameaças. As ninfas desaparecem nadando, enquanto Siegfried reflete sobre a estranheza do comportamento feminino. Ouve-se a voz de Hagen; Siegfried chama o grupo de caçadores e diz a eles que a única caça que achou foram três aves aquáticas que lhe disseram que ele seria assassinado naquele dia. Jovialmente, Siegfried bebe de um chifre; em sua bebida, Gunther não vê senão o sangue de Siegfried. Pedem ao herói que conte a história de sua vida, e ele principia falando de sua criação por Mime, o mal-humorado anão. Ele ensinara Siegfried a forjar, mas fora com o seu próprio talento que ele recriara Nothung, com a qual matara Fafner, o dragão. Em seguida relata que o gosto do sangue do dragão fizera com que ele compreendesse o canto do pássaro da floresta, que lhe contara que o anel e o Tarnhelm estavam dentro da caverna. O pássaro também o advertira da traição de Mime, e ele então matara o anão. Nesse ponto da narrativa, Hagen lhe dá outra bebida, dizendo que ela o ajudará a recordar o resto da história. Siegfried então se lembra de como foi guiado até um alto penhasco cercado por fogo, lá encontrando Brünnhilde, a quem despertara com um beijo. Ouvindo isto, Gunther estremece, alarmado. Dois corvos passam voando e, quando Siegfried olha para cima, Hagen enterra a lança em suas costas. Siegfried morre pronunciando o nome de Brünnhilde, sendo seu corpo conduzido num solene cortejo fúnebre.

A cena seguinte se passa no palácio dos Gibichungs. Gutrune sai de seus aposentos e entra no saguão. Pensa ouvir a trompa de Siegfried, mas ele ainda não retornou. Como vira Brünnhilde se dirigindo para o Reno, Gutrune fica ansiosa. Ouve-se Hagen chegando, e o corpo de Siegfried é trazido. Gutrune desmaia sobre ele. Acusa Gunther de tê-lo matado, mas o irmão incrimina Hagen, que diz tê-lo assassinado porque cometera perjúrio; Hagen corre para pegar o anel e, quando Gunther se interpõe, ele o mata. Mais uma vez ele tenta se apossar do anel, mas, ao se aproximar do corpo de Siegfried, este ergue a mão crispada – para horror de todos.

Entra então Brünnhilde, agora tranqüila, e explica como Siegfried lhe fizera uma jura eterna. Gutrune amaldiçoa Hagen e deita-se sobre o corpo de Gunther, e assim permanece até o final da ópera. Brünnhilde ordena que tragam toras para erguer uma pira funeral digna do herói e canta sobre a traição deste que era o mais nobre e fiel dos homens. Dirigindo-se a Wotan no Valhalla, afirma que a morte de Siegfried redimiu a culpa do deus e trouxe a iluminação para ela, por meio da dor. Tirando o anel de Siegfried, promete que o devolverá às Ninfas do Reno. Ela toma uma tocha acesa de um dos vassalos e atira-a sobre a pira, incendiando-a. Então, saúda seu cavalo, Grane, monta-o e cavalga para dentro das chamas. Todo o palácio arde, e homens e mulheres, horrorizados, se empurram para a frente do palco. De repente o fogo se apaga, o Reno transborda de suas margens e inunda todo o espaço. Quando as Ninfas surgem, Hagen se atira na água atrás do anel. Mas elas o arrastam para as profundezas e, triunfantes, mostram o anel. O nível da água baixa, e das ruínas do palácio destruído mulheres e homens vêem um clarão de fogo subir aos céus e iluminar todo o Valhalla, onde se reúnem todos os deuses e heróis. As labaredas envolvem o Valhalla – o tão esperado fim dos deuses chegou.

Este livro foi composto por Letra e Imagem em Swift
e DIN e impresso por Geográfica Editora em fevereiro de 2009.